中山出版

ZHONGSHAN   PUBLISHING

香山承文脉   群书读百年

Hello, 黄圃

鲈小鱼　文 / 绘

SPM
南方出版传媒
广东人民出版社
·广州·

图书在版编目（CIP）数据

Hello，黄圃 / 鲈小鱼文、绘. -- 广州：广东人民出版社，2017.6
（"Hello，中山"手绘漫画系列）

ISBN 978-7-218-11913-7

Ⅰ.①H… Ⅱ.①鲈… Ⅲ.①乡镇—旅游指南—中山 Ⅳ.①K928.965.5

中国版本图书馆CIP数据核字(2017)第159901号

HELLO, HUANG PU

Hello，黄圃 鲈小鱼 文 / 绘

出 版 人：肖风华

责任编辑：李锐锋
特邀编辑：刘　颖
装帧设计：陈宝玉

统　　筹：广东人民出版社中山出版有限公司
执　　行：何腾江　吕斯敏
地　　址：中山市中山五路1号中山日报社8楼（邮编：528403）
电　　话：（0760）89882926　（0760）89882925

出版发行：广东人民出版社
地　　址：广州市大沙头四马路10号（邮编：510102）
电　　话：（020）83798714（总编室）
传　　真：（020）83780199
网　　址：http://www.gdpph.com
印　　刷：广东信源彩色印务有限公司
开　　本：787mm×1092mm　1/32
印　　张：4　字　　数：83千
版　　次：2017年6月第1版　2017年6月第1次印刷
定　　价：25.00元

如发现印装质量问题影响阅读，请与出版社（0760-89882925）联系调换。
售书热线：（0760）88367862　邮购：（0760）89882925

总序 │ 写画心中的城

　　都说现在是一个"看脸"的时代，手绘漫画图书的热销，就是标志之一。"轻阅读"的流行，正是时代发展的产物。与时俱进，我们打造了这套"Hello，中山"手绘漫画系列，一是让年轻人利用自己的地缘优势讲好"中山故事"，传播家乡传统文化；二是给年轻人机会出版作品，毕竟出书是一件严肃又庄重的事情，也是值得一辈子自豪的事情。

　　"Hello，中山"手绘漫画系列是一套开放式的选题，计划以每年出版一二十种新书的规模，以陆续出版、不断充实、不断丰富的方式，用若干年的时间，打造一套有规模、有品位、有传承力、有影响力的具有中山特色的原创手绘漫画书系。

　　作为"Hello，中山"手绘漫画系列的策划人，我期待中的这套书不止是巡礼式地给中山 24 个镇区各出一册，而是 N 册，同时扩充至其他领域，比如老字号、非物质文化遗产等，形成一套三五十册的较大规模，可较长时间立于中山人书架上的系列图书。所以，做好这一套图书，我们将坚持以下几点——

一是充分调动年轻人的积极性，邀请能写能画且熟悉中山的土著的非土著的年轻人加盟。2015 年 7 月出版的《Hello，石岐》作为"Hello，中山"手绘漫画系列的第一本，其作者是当地一所大学的应届毕业生，书稿其实就是两个年轻女孩子的毕业创作作品。在一次展览上，我们看中了书稿，于是拿过来出版。结果出版后，反响很好，于是我们又广罗人才，邀请了更多年轻人参照《Hello，石岐》的模式，给其他镇区画、写、慢慢积累，就有了 2016 年 8 月重磅推出的《Hello，石岐Ⅱ》《Hello，沙溪》《Hello，南朗》《Hello，神湾》等。我们的出发点很明确，就是让中山的年轻人用自己的视角和喜爱的方式来讲述中山的故事，这是一个全新看中山的角度，让他们不囿于传统的模式去审视自己熟悉的地方。年轻人也可以借用这种新的形式来发挥自己的才能。它不仅让中山人认识中山，还让中山人重新探索和思考中山，同时去发现一个不一样的中山。

二是强调了书稿的本土性和原创性。越是民族的，越是世界的。中山是伟人故里，具有 800 多年的历史，人文丰盈、历史深厚、自然优美，可写可画的东西很多。有一句话说，世界不是缺少美，而是缺少发现美的眼睛。"Hello，中山"手绘漫画系列鼓励年轻的画家、作家去发现中山人都未必知道的中山，这激发了年轻人的热情。许多作者反馈回来的信息是，如果不是绘、写自己的家乡，还真不知道自己的家乡有这么美。

三是坚持内容为王。按照目前的出版方向，一是以行政区域为主题，二是选择可入画的中山题材。就拿行政区域这一主题来说，在执行的过程中，很容易做成官方宣传资料，这明显偏离了我们的初衷。凡是将官方资料堆积在书稿里，我们一律要求作者重新写。要用自己的语言来写自己可亲可爱的家乡。读者之所以喜爱这套图书，主要原因不仅是形式上活泼，还有就是内容上新颖。可读性成为重中之重。

四是安排了得力编辑专心打造。"Hello，中山"手绘漫画系列的前期指导作者的工作量超乎想象，原因无外乎：作者都是没有写书、编书、出书的经验，这样的问题那样的问题，时不时要编辑回答；对家乡的重点历史人文、传统文化等拿捏不准。我们专门安排了两位责任编辑来负责，随时随地指导好这一批年轻作者，以期共同做好这一套书。同时，在排版设计上，紧紧跟随当下畅销书的风向标，大胆启用大腰封，力求与传统的装帧方式有所区别，以更贴近年轻人的心理要求。

五是着重打造品牌效应。一种品牌就是一种无形资产，我们立足中山将近6年时间了，一直强调品牌的影响力，也打造了一批诸如"中山客"、"廉洁中山"、"故事中山"等品牌图书，得到了读者的普遍认可。我想，品牌代表的是一种不可多得的美誉度、可信度，而这些才是真正的无价之宝。"Hello，中山"手绘漫画系列从一开始的策划就立足于品牌效应了，为此我们专门设计了这套书的Logo、函套，还有手提袋，甚至还有它们的衍生产品——明信片、T恤、茶杯等。目前，这套书的品牌效应慢慢凸显出来了，难能可贵。

出版是个小行业，而且我们是在中山这样的小地方做出版，难度可想而知。但是，文化是个大产业，前景一片光明。我们将按照广东人民出版社中山出版有限公司的出版宗旨——"香山承文脉，好书读百年"，全力把"Hello，中山"手绘漫画系列打造成为品牌图书。

广东人民出版社中山出版有限公司总经理 | 何腾江

4

目 录

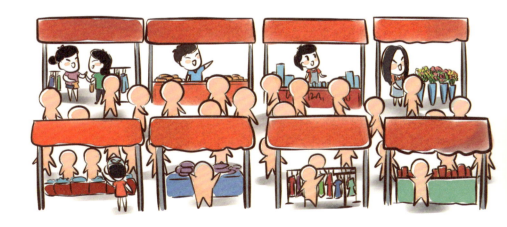

前　言

　　1991年，我出生在黄圃镇，父母都是黄圃人。我从小生长在这里，一直到现在。黄圃是中山市最北部的经济重镇，西北与佛山市顺德区为邻，东北与广州市南沙区隔江相望。在2015年10月31日举办的"寻梦·2015中国最美村镇"评选活动中，黄圃获得"2015中国最美村镇文化遗产奖"。

　　小时候我问奶奶"黄圃"这个名字的由来。奶奶告诉我，南雄珠玑巷的先民为了躲避战乱，乘筏逃到这里，看到走马岗一带山野遍地黄花，美如园圃，就登岸定居，称此地为黄圃。后来才知道，"黄圃"一名的由来还另有一个传说。从前有一位在此地安居的土地公，有六个美若天仙的女儿。有一天，南海龙王三太子路过，遇见土地公那六

个美丽的女儿，立刻就迷恋上了。三太子誓要娶她们为妻，于是威胁土地公，要是不交出女儿就淹没这片土地。土地公始终都不愿意把六个女儿嫁给三太子。三太子一怒之下便率领虾兵蟹将翻江倒海，大水汹涌而来。土地公的女儿为了拯救这片土地上的百姓，不惜牺牲自己，化身为六座大山，也就是现在的乌珠山、尖峰山、横档山、牛岗山、团范岗、浮圩山，以抵挡惊涛骇浪，让百姓爬上山峰得以避难生还。当海水退去之后，这六座山峰每年到了春秋季节就会长满黄菊，如同天然的大花圃一样。劫后余生的百姓为了纪念她们，把这个地方取名为"黄圃"，一直流传到现在。

发展到今天，黄圃已不仅是广式腊味发源地，更是中山北部的政治、经济、文化中心和珠江三角洲的重要商贸城镇，与石岐、小榄齐名，并称"中山三大镇区"。黄圃至今仍然保存着悠久的历史和深厚的文化底蕴，因此成为中山首获"中国历史文化名镇"的镇区，除此之外，还获得"中国（黄圃）飘色之乡"、"全国首个中国食品工业示范基地"、"中国腊味食品名镇"、"广东省民族民间艺术之乡"等称号。作为黄圃人，我深感自豪。想知道黄圃有什么好玩、好看、有趣的地方，还不快点翻到下一页？

黄埔三宝，你别「走宝」

空中大舞台——飘色

　　一直以来黄圃飘色都非常有名。小时候我住的旧房子在黄圃中学附近，那里离"旧街"（黄圃最繁华的地段）比较远，家里人忙着工作，没有时间带我去看飘色。初中开始我便在学校寄宿，所以一直没有机会好好地看过飘色。黄圃镇被誉为"中国（黄圃）飘色之乡"，飘色早已成为黄圃民间传统习俗，每逢举行大型飘色游行，都会有各方人士慕名而来。由于黄圃飘色越来越广为人知，现在观看大型黄圃飘色巡游都需要抢位，很多人会带上相机装备大拍特拍。2008年，黄圃飘色第一次到澳门演出，让澳门观众称奇叫好。同年，黄圃人苏照恩被确定为省级非遗名录项目代表性传承人。2016年我回到中山工作，遇上"2016飘色文化欢乐节系列活动"，刚好可以补一补功课了。

　　这次的活动除了有重头戏"飘色圃韵·共贺国庆"飘色巡游活动之外，还有书画展和象棋比赛。政府和民间组织共同合作，搭建了这个共享传统文化的舞台，10支民间艺术表演队伍和26版飘色为民众献上了精彩绝伦的民间歌舞艺术盛宴。在飘色巡游起步仪式中，黄圃镇党委书记、镇长等镇领导班子成员，还有中山市侨联副主席、港澳中山社团负责人、黄圃港澳同乡会乡亲、黄圃籍的中山十杰市民、中山好人、"最美家庭"代表等出席。

■ 飘色巡游开始了，你准备好了吗？

飘色巡游在早上 10 点左右开始。我急着赶去现场"霸位"（占位），来到表演路段就发现来晚了，还有 20 分钟左右才到 10 点，前三排"头等座"已经被挤满。在吴栏凤凰大鼓表演的鼓舞《好日子》和黄圃镇民族艺术团表演的舞蹈《盛世欢歌》中，飘色巡游起步仪式隆重开场。观礼台上全体人员起立奏唱《中华人民共和国国歌》，随后镇党委委员李华军代表镇委镇政府致欢迎辞。接着，镇党委书记、镇党委副书记、市侨联副主席，香港中山社团总会首席永远会长、三社社区党支部书记等领导为狮子点睛。黄圃飘色巡游就在这鼓乐声和鞭炮声中正式拉开了序幕。

　　我踮起脚尖，举起手机，打开拍照功能，做好准备。一组组飘色队伍陆续登场，街上顿时沸腾起来。

飘色队伍从眼前走过时，我似乎有仰视神的感觉。旁边的老人几乎每年都会看飘色。他告诉我，飘色利用力学原理，巧妙地将体重较轻的儿童固定在色柜上进行巡游表演，融戏剧、绘画、杂技等艺术形式与一体，极具艺术价值和社会价值，是岭南民间文化活动的重要内容和表现形式。那些用来撑着人物的木头叫色梗，黄圃飘色的色梗比其他地方飘色的色梗更细。立在色梗上的儿童就是色心。他们根据民间故事和神话内容扮演人物造型，妆容和服饰十分艳丽。色梗支撑着他们，起到保护和维持姿态的作用。这些精心挑选出来的小小表演者高高站立在色梗上，玲珑飘逸，还不时向观众微笑挥手。他们小小年纪，有这样的定力和勇气，我不由得心生敬佩。这次的飘色巡游以闻鸡起舞、嫦娥奔月、桃园结义、童子拜观音等历史典故、民间传说、戏曲故事为主题，还穿插醒狮队、民族服饰高跷队、街舞队、秧歌队、腰鼓队、麒麟舞、舞龙队的表演。飘色队伍从"旧街"起步，往人民桥方向一路巡游到城雕公园结束。巡游所经过的路段均人头涌动，商铺里的员工听见锣鼓声便走出店门探看。很多民众一直尾随巡游队伍，巡游结束后纷纷和表演人员合照。本次参与表演的有近 700 人，其中参与 26 版飘色活动的人员就有 350 人，所有演出人员足足做了三个月的准备。现场吸引了近 10 万人观看，场面颇为壮观。

哇哦~
大叔原是真爱粉啊!!!

我啊,差不多每年
都会去看飘色

▇ 巧遇飘色"真爱粉"

关于黄圃飘色的起源发展，有一个很有意思的故事：

    明朝初期，安徽人何腾伟被派来广东驻守，后定居黄圃。待到一切安定后，这位"城会玩"的外地人就开始想找点乐子。此前他在福建剿过匪，于是把当地盛行的娱乐项目木偶引入黄圃，参与"三月三"北帝诞巡游活动。随着越来越多人跟着一起玩，队伍越发壮大，小木偶发展成木神像。久之，人们嫌木神像呆板，于是游戏继续升级，最后演变成由童男童女扮演历史故事人物，由人扛抬，辅以乐曲在街上游行表演。这位会玩的外地人就这样带领着黄圃人民一起更会玩了。何腾伟也成为灵坊何姓人的始祖。

①

②

③

④

舞狮耍龙——龙狮文化

"啲啲咚锵，咚咚咚锵。"

如果在黄圃听到这样的锣鼓声，十有八九是有新店开张，邀请醒狮队来采青了。赶紧去围观。

■ 新店开张时，人们都习惯请来醒狮队伍表演助兴。

■ "啊！有帅哥！"

　　以龙狮、麒麟为主的民间艺术在黄圃已经有较悠久的历史。被誉为"黄圃三宝"之一的龙狮艺术，一直薪火相传，弘扬光大，是一项深受黄圃人民喜爱的文化活动。小时候，逢年过节、庆典盛事时，到处锣鼓喧天，群狮起舞，热闹非凡，成为镇上的一道亮丽的景观。黄圃的舞狮人才培养很严格，学徒们必须要掌握武术基础才能正式开始学习舞狮。为了更好地传承舞狮运动，龙狮运动协会协同镇上的学校、社区共同培养队伍，舞狮队伍越来越规模化、全民化、精英化。初中时我在黄圃镇中学（简称"镇中"）上学。升上初三那年，"镇中"搬去了新地村，与鳌山中学和黄圃中学合并成为现在的新"镇中"。那时黄圃理工学校也在新地村（现已迁至马新围），每天放学都能听到理工学校里面传来的锣鼓声。那是黄圃理工霓虹龙狮团在里面训练，我有时还会偷偷看里面的醒狮训练。理工学校还被广东省民间文艺家协会授予"广东省民间艺术传承基地"称号。

黄圃镇工会最早成立黄圃镇醒狮队，后来又相继成立了十几个醒狮团队。新春佳节、店铺开张都会邀请醒狮队"采青"助兴。随着表演的艺术越来越精湛，与外地狮艺交流活动越来越频繁，还出现了与国际狮艺接轨的高桩狮艺团队。黄圃舞狮的种类也变得更多样化，主要分为以三星和七星古典为主的中青醒狮图案为代表的传统狮艺和以黄圃理工学校的霓虹龙狮团为代表的狮艺队伍，在传统的基础上加入了新的艺术元素。这些队伍让黄圃镇收获不少殊荣，也在全镇营造出一种浓郁的民间艺术氛围。在 2016 年的飘色巡游中，龙狮队伍大放光彩，带动起欢乐的气氛。

■ 相亲相爱的龙狮队伍

■ 与国际狮艺接轨的高桩狮艺团队

■ 别具一格的麒麟舞

» 麒麟舞

广东是麒麟舞流传较广的地区，全省各地麒麟舞各具特色。麒麟舞跟龙狮舞一样融音乐、舞蹈、工艺美术、杂技于一体。但相比之下，麒麟舞更自由活泼。作为古老的、具有地方文化特色的民间艺术，黄圃麒麟舞已被列入"广东省非物质文化遗产名录"。

黄圃麒麟舞协会会长告诉我，黄圃麒麟舞起源于明末清初，相传一位从广州经过横档村的道士教授传统武术，黄圃村民注重强身健体，主动跟道士习武。

喝!!! 哦哦哦~好有型!!

■ 学习武术，强身健体

横档村村民蒋润峰和谭景堂学得最为出色。蒋润峰熟练地掌握了洪家拳，谭景堂更是掌握了洪家拳、蔡家掌、莫家腿等传统武术精髓。黄圃各村的村民奉麒麟为神兽，认为它能驱邪和保佑平安。在学习了过硬的功夫本领后，横档村村民就根据传说中的麒麟龙头、鹿身、羊角、牛尾、马蹄、狼额、角端有肉等特征制作出麒麟套，创编了具有水乡特色的麒麟舞。直到现在黄圃还保持着学麒麟舞就要先学武术的传统。

黄圃麒麟舞以喜庆、吉祥为特征，逐渐成为祈求好运的民俗活动。每到春节初一、初二、初三，在黄圃的庙宇宗祠等，都可以看到舞麒麟的热闹场面。遇到飘色等大型庆典活动也会邀请麒麟队来表演助兴。这时，黄圃人家还会在自家门上张贴写有"麒麟在此"的大红纸。麒麟来到的时候，家家户户点燃爆竹迎接，并请麒麟队来"采青"，以祈求吉祥。另外，新船下水、新屋入伙时，黄圃村民也有舞麒麟的习俗。最有意思的是，黄圃当地的青年男女结婚，也会在显眼的地方贴一张"麒麟在此"的挥春，寓意"麒麟送子"、添丁发财、欢乐祥和。

■ "麒麟在此"

别小看这个头套哦,它的制作方法很考究的.

■ 麒麟头套

乍一眼看上去,麒麟舞的道具似乎跟舞狮的很像,但其实区大着呢。麒麟舞的主要道具是麒麟套,头套就是麒麟头,以藤条编织为骨架,再用竹条捆扎出造型,在扎成型的竹条上糊上多层砂纸,最后在砂纸上涂上颜色,画上细节。麒麟的眼珠是用松木做的,眼眶周围贴上雪白的兔毛,乌黑圆滚的眼睛显得炯炯有神,整个头部比"狮头"略小一点。整个头套色泽鲜艳、五彩缤纷。而"身套"俗称"麒麟被",以颜色鲜艳的碎花棉布缝纫而成。"尾套"则是麒麟的尾巴,长约30厘米,用棉布套着藤条或者竹枝制作而成。

麒麟舞的表演形式主要也是"采青",但又不同于舞狮。麒麟舞的"采青"包括寻青、含青、吐青、洗面、伸腰、擦身、耍尾、闭目养神等,以此表现麒麟的喜怒哀乐,显示麒麟的身材威武、机敏伶俐和充满灵性的特点。再配有锣、钹、唢呐、笛子等乐器伴奏,把麒麟神兽的形态表现得栩栩如生。随着时代的变迁,对麒麟舞感兴趣的人越来越少,加上老一辈艺人年事已高,现在已经很少能见到麒麟舞表演。

龙船竞赛——扒龙舟

　　小时候家住在二中（中山市第二中学）附近，对面就是河涌，每年龙舟赛这里都是必经之路。龙舟赛，我们通常称之为"扒龙舟"。听闻龙舟来了，街坊们就会在街上吆喝"扒龙舟咯，扒龙舟咯"。大家纷纷放下手上的工作，我也会兴奋地坐在哥哥的单车后座上，到河堤边跟街坊们一起围观。

　　上小学的时候，我看见大人从河床的泥坑里挖出一艘龙舟。我以为他们挖出了一个宝藏，是沉没在河里装满了宝藏的海盗船。小伙伴们两眼发光，争先恐后来到河边围观。后来才知道，平时人们把龙舟埋在河床里，到了要用的时候再从泥里挖出来，洗干净，涂上猪油，等晾干后就放到水里浸泡。也就是说，如果见到有人把龙舟挖起来，就是有扒龙舟看了。

扒龙舟开始之前，要举行"旺龙"仪式：由喃呒先生在水涨的时候烧香化宝，在船上贴两三张龙舟符，念咒语，祈祷出航顺风顺水，保佑村民安康。接着取公鸡鸡冠上的血，滴于"龙头"，桡手将公鸡举过头顶，往后依次传至船尾舵手的手中，寓意"生鸡过头，消灾避祸"。然后鸣炮起桡，启动龙舟。

■ 点睛

中山出版
ZHONGSHAN PUBLISHING

"中山客"珍藏版

中山市全民修身行动少儿系列绘本

爱上幼儿园／咱们一起玩吧／你从哪里来？／我能解决矛盾／做时间的小主人／做最重要的事
30.00元／30.00元／30.00元／35.00元／35.00元／35.00元

3-9岁儿童必备的原创启蒙故事书。每位孩子和家长必读的儿童情商绘本！
教会孩子适应陌生环境，懂得与人交往，认识多元文化，学会解决矛盾，合理管理时间，追求正确的人生价值！

中山改革开放口述史丛书

49.80元／39.80元

生命中的夏天——中山改革腾飞亲历者口述回忆／穷当家——一位镇委书记的回忆录

述中山改革开放时代的人事物，重现那个年代的火热生活，勾勒具象而有血有肉的历史画卷。

中山出版微信公众号

中山出版微店二维码

策　划　何腾江　吕斯敏　营　销　吴嘉文
责任编辑　吴锐琼　冼惠仪　美术编辑　蓝美华

出版发行　广东人民出版社中山出版有限公司

预知新书信息、交流投稿、邮箱团购请发至zszscb@qq.com
团购电话：0760-88367862/89882926　中山出版新浪微博：@中山出版
图书在全国各大新华书店、书城、当当网、淘宝商城、中山出版图书代营店均有销售
公司地址：广东省中山市中山五路1号中山日报社8楼

▌喃呒先生主持"旺龙"仪式

▌礼成

最后，顺着水流来回划两次龙舟。"旺龙"仪式完成后，男女老少都会去争先舀"龙船水"洗面，以求驱邪避灾，祈祷身体健康。

　　黄圃的龙舟分为"文船"和"武船"两种。就像舞蹈一样，有表演形式的，也有斗舞形式的。

　　"文船"，从字面上理解就是"文雅的船"。"文船"就是进行瑞龙表演的龙舟，用以祈求村庄兴旺繁荣。

　　每年端午节，黄圃都有龙船游河。男女老少聚集在河岸边观赏，人山人海。龙舟上放置罗伞、高标、彩旗、铜锣及菩萨神龛。游河时，师傅会转动罗伞，乐手们则吹奏唢呐、敲打锣鼓。鼓乐齐鸣，热闹非凡。划手们跟着鼓点节奏轻划慢扒，还不时地旋转木桡，优雅又整齐。龙船游过时，沿途欢呼声、呐喊声、鞭炮声不绝于耳，场面热闹。

■　"文船"游河

岸上练臂力

　　至于"武船"，就是用来进行竞渡比赛、比拼速度的船。参赛的队伍挑选出身壮力健的男子，进行七天七夜的训练。队员们坐在木板凳上，跟随鼓点练习，锻炼臂力，动作必须练到整齐有力，再到江河上锻炼耐力。"武船"不需要罗伞和彩旗装扮，只需要配上锣鼓，指挥"划手"奋力向前、力争夺冠。

水上练耐力

黄圃赛龙舟是以"运马安"（即环绕马新围水道一圈）为主。参赛的龙舟都是集中在港务码头"放头"，依黄圃水道向东而下，途径二河团范、平洲尾转上黄沙沥，直上鸡鸦水道，经马安上丘头转回黄圃水道，经过二坭、新沙返回铳海涌，直入张沙咀桥头夺锦。全程 20 公里，大约需要 80 分钟完成。"运马安"在岗东曾流传着有趣的民谣："岗东龙船七丈七，运个马安气咳咳。"在北溪也流传着一首民谣："北头龙船七丈七，扒完马安得第一。"

　　老妈说，最隆重的一次赛龙舟是在我 6 岁的时候。1997 年国庆节，岗东村举办龙船欢乐节，龙船巡游持续两天，并在学校筵开百席，煮龙舟饭招待嘉宾及乡亲父老。"文化大革命"期间赛龙舟被视为"四旧"之一，一度中断多年，改革开放后才重新恢复。此后每逢重大节日，黄圃镇都会举行赛龙舟活动。2009 年，黄圃镇举办了"2009 中山·黄圃端午龙舟赛"。三社社区在此带动下，也把中断 83 年的三坊龙舟重办起来，新置了两艘大龙舟，还在那年国庆期间沿黄圃涌举行文船巡游。"岸上游飘色，水面扒龙舟"是黄圃节庆日的特色文化娱乐。

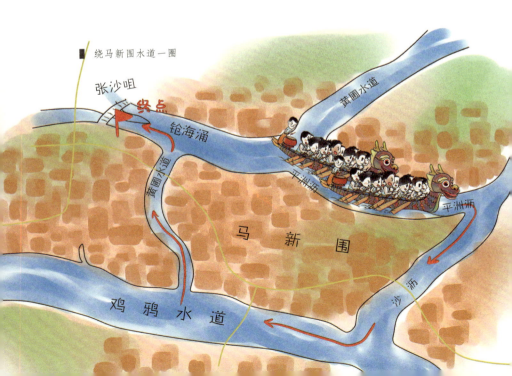

绕马新围水道一圈

寻古探幽，追寻历史足迹

海蚀遗址

　　海蚀遗址是黄圃的标志性景点，大概从 2005 年开始，镇里着重宣传这块宝地，希望能跟更多人分享这份大自然的鬼斧神工。

　　在黄圃，乘坐 305 或者 326 号公交车去到观仙路口站下车，再往前走几百米，就是海蚀遗址了。黄圃海蚀遗址占地面积有 250 亩，是广东沿海至今为止所发现规模最大、保存最好的海蚀遗址，有着非常重要的科普价值和美学价值。据地质专家考证，海蚀地形主要形成于距今 7000—2000 年前。岛屿与大海交接处经过长期的海浪冲刷、侵蚀，形成多处海蚀洞。海退之后，石岭岛屿变成了今天的丘陵，海蚀洞变成了一连串的岩洞。由于长期风化，岩层剥落，出现裂缝，逐渐变成了玉泉洞、蟾蜍石、穿狗径、鼻管石、滴水岩等山体形态。经过一系列有序的保护开发，建成了现在这座广东最大的海蚀遗址公园。

■ 海蚀遗址公园

遗址公园建成后，我还一直没有进去游玩过。这次总算安排好时间，带上我的"专职"摄影师和装备来游玩一下了。

　　走进遗址公园，往前走 500 米左右，有一个"T"字形的分叉路口，两条小路的入口处各有一个拱形花藤围成的门。左边的花藤门是心形的，旁边还有一个戴着彩带的人偶造型，跳跃的造型显得活泼神气。右边的 Hello Kitty 造型花藤门更受欢迎，旁边还有 Kitty 和小伙伴们的玩偶造型。许多小朋友都兴高采烈地跑过去拍照。沿路走进去，道路两旁也有不同造型的 Kitty 猫花藤。

■ 大受孩子欢迎的 Kitty 猫花藤拱门

■ 由花藤编织而成的拱门

从Kitty猫花藤门进去，里面设有很多玩乐设施，一路走去，有沙池、野战场地，还有恐龙模型、樱花岛等。沙池特别受小朋友欢迎。有的小朋友在堆城堡，有的则坐彩色小轮胎上，一个拉，一个做开车的动作。野战场地附近，居然有一台闲置的小型山地机车，特别酷。机车后面有3只超过2米的巨型恐龙模型。小朋友们都想骑上去。其中有一只，它的腹部是花围构成的。经过恐龙模型沿着山边走过去，西边有一座

粉红色的桥，桥上挂着不少同心锁，是年轻情侣祈愿永结同心的证明。桥那头就是樱花岛。岛上有一大片心形的花圃，还有公主与王子造型的花藤，是专门为情侣们量身定做的浪漫场地。另一头的小道则是另一种风格，品种繁多的造型花圃和大片的桃花林，一路走过去，幽静清香，很有古时候文人墨客游山玩水的感觉。继续沿着山边往前走，就会经过滴水岩、蟾蜍石、鼻管石、浴日池、穿狗径等地方。

■ 永结同心

■ 酷帅机车

■ 花藤恐龙，一点都不可怕

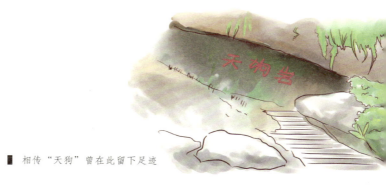

■ 相传"天狗"曾在此留下足迹

　　"穿狗径"山岩就在仙庙（玉泉洞）旁边，是海蚀层面最大最长的一个洞穴。海水把洞穴冲蚀成两个重叠的斜面，里面有 0.5 米到 1 米多宽，有三个洞口相连，走进洞里面，还可以见到通向山顶的洞口，我们可以直接从这个洞爬到山顶，三个洞口相连起来像个"人"字。这里为什么叫做"穿狗径"呢？相传，吕洞宾邀请其他八仙来赏美景的时候，二郎神的哮天犬碰巧途经这里，于是也过来凑热闹，在八仙身旁的岩洞转了一圈，玩耍了一阵才回天庭去。后来人们就把这里称为"穿狗径"。

■ "我们进去看看。"

我们也去凑热闹吧!

跟我来哟~

"哮天犬,走!"

在遗址公园建成以前,每到新年,我们来仙庙上香,会顺便"穿越"洞穴,以求新的一年能迎来好运,所以这里也被称为"好运洞"。洞口周围留下了很多观光游客的足迹。现在,到"穿狗径"来的游客都会在周围的树枝挂上写满愿望和祝福的红色缎带。红色缎带越来越多,慢慢挂满了周围的大树。

好運洞

■ 粤语的"行运"就是好运的意思。

在好运洞前面有一个常年满水的"浴日池"。过去池里的水清澈见底，甘甜可口。这里又要讲一讲吕洞宾。传说他驻驾玉泉洞后，有一年春节，又请来了其他八仙一起游赏此地。其他八仙赶来，风尘仆仆，见到池水清澈，就在此清洗，以醒精神。后人就称这里为"浴日池"。每年春季都有游客前来洗手洗脸，祈求驱除霉运，新的一年里精神百倍。

▌ 常年满水的"浴日池"

① "欢迎各位老友前来做客。"

② "一路风尘仆仆的，洗洗吧。"

③ "水真清啊。洗完整个人都清爽了。"

■ 多想再看到岩石上挂满"珍珠"的美丽景象

　　走到海蚀遗址的中段，有一个"滴水岩"摩崖石刻。关于"滴水岩"也有个传说。相传清代宝安县叶颂苏途经此地的时候，喝了一口清泉水，顿觉精神百倍。他又见这里树木茂盛，终年岩水滴滴，流水潺潺，景色奇美，就在岩壁上题写了"滴水岩"三个大字。

■ "滴水岩"

在滴水岩下方的水池里有一对巨石，被称为"蟾蜍石"。据说是山岩崩落后，经过几百年的海水冲刷，变成两只大蟾蜍一样的岩石，岩石表面酷似蟾蜍粗糙的皮肤。一公一母两只蟾蜍，公的趴在母的上方，如胶似漆的样子，后面还紧跟着七只小蟾蜍。

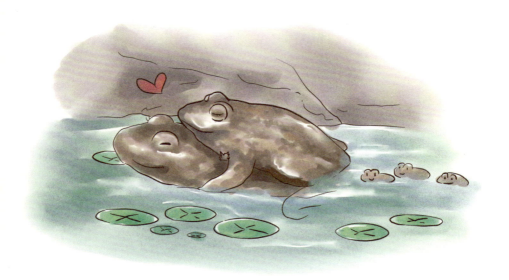

▌ "我带着你，你带着娃……"

■ "滴水岩"下的池塘里，
莲花朵朵，很是漂亮。

　　多年来受气候影响，现在蟾蜍石已经滚落到下方的水池中。黄圃
为了保护这一特殊岩石，设置了保护设施，还在池塘种上了莲花，给
人的感觉更加栩栩如生，就像这些蟾蜍一直生活在这个池塘里，依偎
相伴，幸福快乐。

　　玉泉洞向北走200米左右，抬头会看到一个"鼻子"形状的山体
岩石，离地面15米高，被称做"鼻管石"。到仙庙观光的游客都会
来到这里，向着鼻管石投掷硬币。据说这石头十分灵验，如果投中就
能实现心中愿望。

飞来石

■ 状似鼻子的"鼻管石"

这块奇石也有一个传说。当年孙悟空大闹天宫，玉皇大帝派遣天兵天将捉拿他，哪吒受命出战。哪吒不敌，受到金箍棒一击，脚下风火轮一滑，从风火轮上滑落了几颗火轮砂下凡。其中一颗飞落到了黄圃大岗山上，就变成了现在的鼻管石。

① "泼猴，哪里跑？！"

② "嘿！吃俺老孙一棒！"

③ "哎呀！"

④ "嘁！"

　　海蚀遗址露出的海蚀地形是从玉泉洞开始，一直向北延伸两百多米，呈现出海蚀洞、海蚀崖、海蚀平台的独特的海蚀地貌。黄圃海蚀遗址的独特之处在于：它是继广州七星岗古海蚀崖之后，广东境内第二个做过水准测量的古海蚀崖，对研究全新世乃至更新世海侵是否存在高海面这一世界级地理学难题有着重要意义。

海蚀遗址公园地图

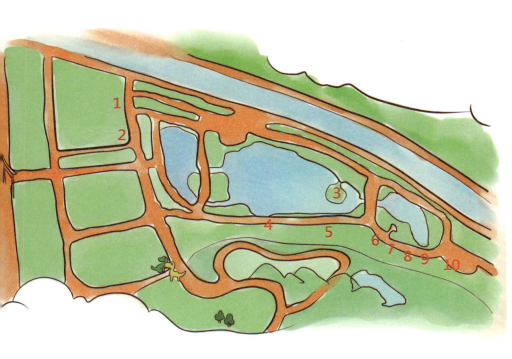

1. 灵芝馆
2. 火龙果园
3. 桃花岛
4. 滴水岩
5. 蟾蜍石
6. 鼻管石
7. 天狗岩
8. 群仙会
9. 好运洞
10. 浴日池

革命烈士陵园

革命烈士陵园，黄圃人也叫"花果山"。"花果山"上，有块革命烈士纪念碑。它建于 1949 年，1963 年扩建为陵墓。随后经过重建建成了半圆形的陵墓，里面安放了抗日战争等革命战争中牺牲的烈士遗骸。纪念碑高 10 米，刻着"革命烈士纪念碑"七个大字，碑座记有 48 位烈士的事迹。

以前我们每年都会来这里悼念革命烈士。

上小学的时候，学校每年都会组织我们到烈士陵园悼念这些烈士。还记得老师教导我们：没有他们的英勇牺牲，就没有我们今天生活的安稳。纪念碑后建有小亭，沿着小道一直走还能走到花果山的背面，也就是出口（从这个出口右转，走到路口就能看到报恩禅寺的正门）。周围有许多形态各异的树木，恬静清新。清晨过来散步的话，还能不时听到小鸟啼叫。很多村民闲时都会来到这里凭吊烈士、散步、远眺。以前还有烧烤石炉，偶尔春游的时候会来这里烧烤。虽然现在已经没有了烧烤石炉，但对我来说，这里承载了我许多童年回忆。

　■　烈士陵园如今已成为市民常来的休息、散步的好去处。

夫妻古树

在黄圃的镇一村北头岗西边山坡（北头正街六巷尾），隐藏着一棵很特别的古樟树，它有着超过 500 年的历史。

在黄圃镇政府公交站，乘坐 305 路或者 326 路公交车，到岗东村口站下车，一共 5 个站。下车之后能看到标注着"古树公园"的指示牌，按照指示向观仙南路走 300 米左右就是古树公园。那棵古樟树就在古树公园里。古树从地面就开始分开生长成了两株，状似两个人互相环抱，我想大概是因为在早期主干断折而长出两个侧枝。2003 年，经过中山市林业局专家鉴定，这棵古樟树是中山市目前已知的树龄最大的古树。它高达 18 米，树冠有 21 米，中间还寄生了一棵小榕树。2006 年，黄圃政府为了进一步保护这棵独特的古树，确保古樟树茁壮成长，把中间寄生的榕树剔除了，还把这里建设成了古树公园。

■ 状似夫妻相拥的古老樟树

相传，一场特大洪水把一名何姓男子和一名女子双双冲走，他们顺流而下漂到镇一村。这时他们看见两棵古树，于是两人各抱一棵紧紧不放。洪水退去，两人得救，从此结为夫妻，并在这里安居，繁衍后代。后人将这两棵相连的樟树命名为"夫妻树"，也称为"生命树"、"福气树"。

① "救命啊！"
　　"救命啊！"

② "咦？"
　　"真巧。"

③ "你好。"
　　"余生请多指教。"

百龄流芳牌坊

　　同样隐藏在黄圃镇镇一村北头正街的"百龄流芳"石牌坊也有很久远的历史。这里的老爷爷介绍说，牌坊建于 1838 年，是四柱三间通天式石牌坊，牌额的上面还刻有"圣旨"二字。石雕背面则刻着"升平人瑞"，上方是"恩荣"二字。牌坊正反面的字体图案对称统一，雕刻精细。

　　■ 清朝皇帝赐予 102 岁高龄的百岁老人文林郎何羽祥的牌坊，如今还屹立在他的玄曾孙何祥吉家门前。

鳌山古迹群

穿过古树公园，原路返回到环山西路，一直走就能看到培红小学。现在的培红小学，过去是鳌山中学。鳌山村南北约坊一带，有三十六级古石径道、宋代古码头遗址、古祠堂群、古青砖屋群、北极古殿、社学庙及北约观音大庙等多处古迹，因为古迹众多且分布密集，被称为鳌山古迹群。2012年，鳌山村成功申报为广东省第三批古村落。

北约通津牌坊

在环山西路旁有一块大指示路牌，路牌上标着前方是报恩禅寺，旁边有个指向左边的箭头，上面标注着三十六级古石径。向着箭头方向看去就是北约通津牌坊。一位居住在这里的奶奶说，牌坊是鳌山村古代最大的一个闸门，有两层高，东面是"打更佬"歇息的地方。过去闸门是防止盗贼入村的屏障以及与外村宗族械斗时架枪的平台。坊里的人称之为"死闸门"。不过现在只剩下这一块牌坊，中门刻着"北约通津"四个大字。整个牌坊主体以白麻石砌成，上方则是青砖瓦顶。

■ 过去被称为"死闸门"的北约通津牌坊

三十六级古石径

三十六级古石径隐藏在北约通津牌坊后面，像一条林间小道。走在石径上，脑海中回荡起《乡间小路》这首歌。三十六级古石径是一条始于宋、至今已有数百年的古石径道，顾名思义，共有36级。据资料记载，石径全长390米，宽1.1米，由三块花岗岩条石并排铺砌而成，石面凿有橄榄状的防滑条纹。沿着古石径往前走，两边树木苍郁，路边还有凉亭可以稍作休憩。这样一个天然氧吧自然成为当地人晨练的好去处。古石径的西边有一棵110多年树龄的榕树，像一把直径30米的巨伞，树下还设有石凳，可供人们乘凉休息。

宋代码头

三十六级古石径的东面，有一个古旧的码头，这就是宋代码头。据史料记载，在南宋时期，黄圃还是一座岛屿，水路畅通，人们出行、村民出海打鱼，均从码头出发。通向宋代码头的古石径的南北面各有一棵大榕树，树龄都有110多年。当地老人说：北面的榕树长有榕树须，不开花不结果，是公树；南面的榕树不长榕树须，年年开花结果，榕豆遍布地面，是母树。

当时同为黄圃主要交通纽带的还有拎鸡桥、通里桥、水运码头。

拎鸡桥在黄圃涌南边街中部，即黄圃永平居委会斜对面，横跨黄圃涌。过去对甫街的村民到南边街要靠搭渡艇过河，后来就在这里搭了一座木桥，名为"拎鸡桥"，方便人们通行。当有船只通过时，需要提前到桥上把木板托起，拉向一边，待船只通过后再推回复原桥面，让人通行。极具灵活性的独特结构使人们印象深刻。随着时间的推移，从前的木桥已经变成了水泥桥。黄圃镇政府非常重视拎鸡桥，定期对其进行维护和修复。

■ 这里原来是宋代码头，后来立起了牌坊。

通里桥曾是黄圃地区历史最悠久的石桥，建于乾隆年间，距今已有近三百年。原址在黄圃永直街口，横跨河涌，直抵对岸新基北街口。以前通里桥是黄圃人来往顺德容奇的必经之路。清末民初，通里桥所在的张沙咀一带，是黄圃靠泊船艇最多的岸滩，岸边是农贸集散地。1996 年，因为黄圃镇要覆盖新基涌作道路通行而被拆除，现在只剩下一个牌坊立在小路中，石块则被私人收藏。

水运码头早期位于黄圃铙海涌拎鸡桥边，叫中渡码头，是新中国成立前中山最繁忙的水运码头之一。当时黄圃还没有建造围堤水闸，这里的水路交通非常发达，大小客货运船都停泊在这里。1952 年建黄圃水闸后，中渡码头设于铙海涌。1956 年黄圃在此成立了港务站，建站初期，只有一个木码头，后来木码头被改建成了水泥钢筋混凝土码头。改革开放后，陆路运输逐渐取代水路运输，码头逐渐消失。

古蚝屋

看完码头，再来到黄圃镇鳌山村的古祠堂附近的兴东上街，在路边就能看到不少独具岭南特色风格的古老建筑。这一片大概分布了200 间青砖屋，其中有 40 多间至今保存完好。在这些古老的房屋之间偶尔会冒出一两栋新建筑，但依然能大致看出过去的格局。相邻的青砖屋之间有些窄巷子，屋子互相对齐，新建的民房也不例外，所以格局整齐。

穿过一排排的青砖屋，来到兴东上街 15 巷 3 号。这一间老旧斑驳的建筑就是传说中有着两百多年历史的蚝壳屋，占地面积有 130 多平方米。住在这里的村民向我介绍，在很久以前，黄圃镇四面环海，盛产蚝。当地居民吃完蚝之后，将蚝壳留下，用以建造房屋，因此居民住的屋大多都是用蚝壳堆砌。机智的村民用泥土、白醋、糯米饭、粗盐等均匀搅拌制成灰浆，与蚝壳一起砌墙，使墙体更加稳固。

以蚝壳筑墙的做法最早应源于南北朝。明万历二十九年（1601

年），江苏昆山王临亨奉命到广东查案，亲眼见到"广城多砌蚝壳为墙垣"，认为"园亭间用之亦颇雅"。清屈大钧在《广东新语》中记载："以其（蚝）壳累墙，高至五六丈不仆。壳中一片莹滑而圆。是曰蚝光，以砌照壁。望之若鱼鳞然，雨洗益白……居人墙屋率以蚝壳为之，一望皓然。"可见，过去珠江三角洲沿海地区，从城镇到乡村，都大量使用蚝壳砌墙。据说，用这种材料构建的屋子冬暖夏凉，而且不积雨水、不怕虫蛀，很适合岭南的气候。

兴东上街的蚝壳屋，墙身和屋顶都保存完好，墙身厚约半米。绕到背面才发现，有一部分墙体已经塌了。屋内长满了杂草，屋后有一棵芭蕉树。经历百年风风雨雨的侵蚀，南北两侧和正面的泥墙都已经腐蚀被拆去。倒塌的外墙露出泛白的蚝壳，有些地方则长满了青苔。地面有掉落的蚝壳。

蚝壳屋旁还有一间古老的泥墙屋。村民说，它建于乾隆年间，那时的房屋墙壁多用泥糊砌成，而泥糊则由泥土、蚬壳碎、糯米饭、粗盐、白醋等混合而成。现在还能从脱落了泥块的墙身以看到里面夹杂着的蚬壳碎。占地面积 150 平方米，老宅院里有一口小天井，还种着一棵果树和一些花草。这里曾经住过几代人，和古蚝屋一样属于一间祖屋。

这些屋子历经沧桑，满身斑驳，但仍然还可以看出绿树掩映、屋舍相连的旧时荣光。

鳌山村内还有北约观音大庙、北极殿、社学庙等，均建于明清时期，历史悠久，保存完好，很有研究价值。

新娘石

听一个住在鸟珠山的小伙伴说，在黄圃鸟珠山背面的山坡上有一块新娘石，于是我就跟她约好了时间，让她带我去看一看这块奇石。鸟珠山离黄圃镇中心比较远，但环境清新怡人。村里有大片大片的池塘和田地，漫山遍野的绿色。新娘石立在半山腰的草丛中，像一个亭亭玉立的姑娘，隔着三星海（洪奇沥）与番禺的潭洲镇相望。

新娘石有一个凄美的传说：在南宋时期，乌珠山还只是沧海中的一个孤岛。一位外地来的姑娘嫁到黄圃，在横渡三星海时，突遇狂风暴雨。海面波涛汹涌，船只在乌珠山附近沉没，新娘也不幸溺死在海中。死后的新娘怀着对丈夫的眷恋，化作一块石头屹立在乌珠山上，眺望着三星海，守护着海上来往的新娘子，让她们平安渡过海面，有情人终成眷属，希望自己的悲剧不会再度重演。

■ 曾经有位美丽的新娘被卷入了海底

终于见到你了！！

这就是新娘石了！

如今化身成一座石像，守护着来往的人们

如今地势升高，沧海变成了桑田，但每年正月初一、五月初五、七月初七等时节，都会有待嫁的姑娘带着心爱的人来到乌珠山的新娘石前许愿，祈求两人永结同心、白头到老。

藏在庙宇祠堂间的信仰与艺术

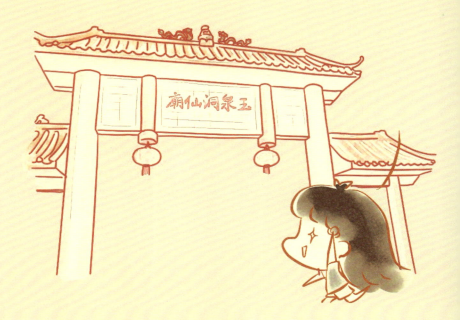

仙 庙

　　仙庙就在海蚀遗址公园旁边，游人逛完海蚀遗址，可以顺道去看一看。仙庙其实是坐落在山脚的一个巨大的海蚀岩洞，洞口经过千百年海蚀形成拱形。仙庙前有个大牌坊，牌坊往里走100米左右才是仙庙。走过阶梯，踏进大门就看到一个小池塘，池塘里趴着几只乌龟，懒懒地晒着太阳。据说池里的乌龟极有灵性，如果能将硬币抛到乌龟的背上不掉落，就可以实现愿望。前来游玩的人总会抱着试看的心态抛几枚硬币，因此池底散落着许多硬币，在阳光照耀下闪闪发光。我也来投一枚：希望《Hello，黄圃》绘本大卖，销量破一万册大关！

■ 仙　庙

关于仙庙的由来，有一个民间传说。相传，吕洞宾云游四海时，想寻找一个地方感受人间烟火。他途经大黄圃，见到千里碧波环绕万顷良田，像是到了世外桃源。于是吕洞宾降下云头，一脚先踏到尖峰山的山顶，观望一番，再一脚踏到如今的黄圃石岭魁楼岗，后一脚踏到如今的番禺大岗，所踏三个地方就留下了"神仙脚迹"。经过几番比较，他还是觉得黄圃稻熟鱼肥、蕉香蔗甜，便驻驾于玉泉洞，普度众生。1894 年，当地村民以此洞为庙，供奉吕洞宾像，称之为"仙庙"，又称"吕祖仙师庙"。

▌扔向哪一只好呢？

"这里真漂亮。"

"就这里吧。"

"嗯，还是这儿好。"

以前，仙庙也称玉泉洞，位于海蚀遗址区的南面，洞口朝东，宽15米，深8米，高5米。从洞口到里面都是弧形弯弯，上方是沿着斜坡山体生长的茂密而古老的阔叶榕树，榕树根像钢筋一样把整个山洞固定住。洞里很宽敞，能容纳近百人。夏天时，这里很清凉。

　　南北二门挂有对联，大意是：此仙庙一带的山崖、山洞、地貌非常奇特，自然景色极美。有不少猎奇者不惜长途跋涉都要来庙里看个究竟，前往参拜的人众多，大都希望吕祖能够指点迷津。

■ 玉泉洞仙庙

■ 热闹的元宵花灯酒会

　　自仙庙建庙以来，每年正月十五日，村民都会聚集在庙内，举行元宵花灯酒会。酒会上准备各色花灯，大家边享受桌上佳肴，边争相投灯，场面热闹紧张。村民把投得的花灯带回家挂起来，祈求来年有好运。

　　农历七月十四日是仙诞，仙庙都会派送"健康长寿米"，还举行"醒狮"比赛及"放生"等活动。村民则会前来为吕祖上香跪拜。每逢春节和神诞就更不用说了，庙里挤满了前来参拜祈福的村民，非常热闹。

■ 仙诞这天派送"健康长寿米"

黄圃盆景艺术协会

从仙庙出来继续往南走，或者坐305路车，坐两个站到岗东路口下车。这一带都是盆景园，特别有园林气息，每一家店都有一个大大的院子，园艺师傅在细心打理每一处盆景，时常有人前来观赏交流或购回家中赏玩。黄圃盆景协会就坐落报恩禅寺斜对面、天福塔下方。协会园内种植了几十棵盆景，形态各异，品种不一，培育的时间都比较长，获得过奖项的盆景在进一步培育出更优雅、更独特的姿态，部分优秀盆景都已送去参加展览和比赛。

我们来到协会旁边的"泽明盆景"，跟泽明先生交谈起来。

■ 黄圃镇盆景艺术协会的盆艺苑

■ 与泽明先生聊天

泽明先生是黄圃盆景协会的"老"会长，还是中国盆景艺术家会员、广东省盆景协会会员、中山盆景艺术协会会员。

据他介绍，黄圃盆景艺术协会成立于 1991 年 5 月 1 日，是中山市第一个盆景艺术协会。最初的会址是在黄圃"辉煌宾馆"，后来搬去了人民桥旁，接着搬到黄圃新城公园，最后搬到观仙南路安定下来。这些年来黄圃政府非常重视盆景艺术协会的发展，食洽会开幕时还邀请会长作为特邀嘉宾在开幕式上讲话。

泽明先生热爱盆景艺术，就像我热爱画画一样。他参加了许多比赛，获得不少奖项。名为《众志成城》的鹊梅盆景作品获得广东省盆景协会成立二十五周年会员盆景精品展金奖；名为《漓江春水》的九里香获 2012 年中国（古镇）盆景精品展银奖。泽明先生说，修剪盆景的秘诀在于蓄枝截杆，有舍才有得，通常需要五六年培育，八九年才成型，盆景是会变化的、有生命力的艺术品。

　　直到现在，泽明先生还积极参加各种比赛和展会，至今已经有 38 棵盆景在中山展出，5 棵盆景在广州亚运国际邀请展上亮相。园内有棵 20 世纪 80 年代就开始种植的黄杨盆景树，2016 年 11 月 3 日至 2017 年 2 月 8 日在台湾举办的第七届省港澳台盆景博览会上展出。泽明先生说：“多参加比赛，出去看看，才知道山外有山，让自己眼界开阔。认识更多盆艺高手，对提高自己的盆艺技术也大有助益。”

■ 台湾盆景展参展盆景

■ 获金奖盆景

　　园内培植了几十棵盆景，有的已经超过百岁，也有的是新培育的。园内有棵最大、最年长的水松盆景。水松是多年生冬季落叶的灌木，是华南地区特有的树种。水松枝干笔直，与杉科植物相似，树皮为鳞片状，根部发达，生长速度快，是制作盆景的好树种。这棵水松树已有230岁，经过一代又一代人的精心培育，现在传到了泽明先生手里。园门右边还有一棵九里香，形态像少年回首凝视，故名《回头是岸》。园子深处，有一棵细叶榕，曾获得过盆景比赛的铜奖。泽明先生说，这棵细叶榕是从手指头那么大开始培育的，到现在已有20多年了。

　　盆景是文人雅士热爱的民间艺术，每个盆景就是一个缩微世界，有绿树、草地、池塘，还有垂钓的渔翁，栩栩如生。

报恩禅寺

　　报恩禅寺就在培红小学对面，很容易找到。报恩禅寺最早建于清康熙年间。老妈信佛，在我读书期间，有时会带我去上香添香油祈福，有烦恼时也会找那里的住持倾诉，或者过来买些素食或者请些经书回家。每逢初一或家人生日，老妈都会吃素积福。

　　过去，报恩禅寺也被称为观音庙，古时候还有另一个名字：德星堂。1999年，观音庙才改名为"报恩禅寺"。广州六榕寺高僧明一法师在此担任住持。报恩禅寺成为中山市重要的宗教场所，寺内一直香火鼎盛。

　　相传，过去的观音庙门前挂着一对大灯笼，灯笼正好朝向小榄方向。每到夜晚，灯笼点亮，就像老虎的两只眼睛，朝小榄方向喷着火焰。小榄百姓晚上担惊受怕，于是大家聚集在一起，到观音庙恳求住持将观音庙迁到山脚。

■ 大门前挂的
两个酷似老虎眼睛的
大灯笼，惹得村民们
纷纷抱怨。

■ 远远看去，那两只灯笼像是要喷出火来。

1964 年，黄圃镇遭遇超强台风，寺院在台风的肆虐下受到重创。1988 年，一群热心人士牵头筹集资金，重建观音庙。1995 年，香港释慧皆老法师再度倡议重修，并增建了斋堂。随后又陆续扩建了大雄宝殿，内奉大佛像和十八罗汉像等，还修建了门楼和围墙。2001 年，报恩禅寺经省市政府批准对外开放，随后又进行了一系列的修缮和扩建。如今的报恩禅寺殿舍众多，有万佛殿、天王殿、大雄宝殿、观音殿、药师殿、斋堂、慈济苑古钟亭等，建筑设计庄严雅致，园林景色美不胜收，已成为中山市观光旅游景点之一。近几年到报恩禅寺游赏的人们越来越多，每逢新年，人们都会到这里来争上新年的第一炷香。

报恩禅寺的大门庄严、大气，墙红瓦绿，门上"报恩禅寺"、"知恩报恩"八个苍劲大字是第一任住持明一大师所书。门口有一对石狮，就像庄严的门卫一样守护着寺院。石狮旁边的石柱上雕刻着"纵横十方谈经地，烂漫千花送佛场"，是中国佛教协会原会长赵朴初先生所书。门牌两边的大红柱上刻着的则是广东省、广州市佛教协会原会长、广州市六榕寺住持释云峰老和尚敬撰的对联："报感佛陀求甘露广施福地，恩怀法乳仰慈云普荫香山。"对联为藏头诗，上下句第一个字合起来则是"报恩"，对联还包含"福地香山"一词（中山市前身为香山县）。对联的上方各有一个咬着铜钱的金龙头浮雕，而下方则是盆景浮雕。

■ 庄严、大气的报恩禅寺大门

进入大门，不远处就是一道阶梯。沿着阶梯走上去，右边是弥勒殿、天王殿、韦驮殿。大肚弥勒佛腹内像是装满经纶和人间乐事。天王殿内的四大天王则各踩着兽形人身，高约3米，巍峨而立，其貌奇古，青面獠牙，近似鬼王，手持不同武器：剑、戈、斧、塔，镇压妖魔鬼怪，以保风调雨顺、国泰民安。韦驮菩萨身披盔甲，手持金刚杵，神态威武，被称为护法大神。

　　穿过韦驮殿就是气派非凡的大雄宝殿，面积约400平方米。大门有八根红色柱子，分别挂有中国书法家协会会员张益、宝衍、住持明一法师和沙门本空等敬书的黑底金字的抱柱楹联。还有黄丝刺绣的横幅、长幡，长三米多，色彩鲜艳。殿内中央供奉着三尊木质贴金大佛，紫兰螺发，面部浑厚方圆、鼻梁高隆、阔耳薄唇，仪态庄严，盘坐在金色的莲花台上。佛像两旁立着阿难、迦叶尊者。大殿两边是十八罗汉，一尊一貌，形态各异。而三尊大佛像背面是洒甘露观音和108尊神态姿势不同的群像壁画，被称为"因果壁"。每个殿舍大门都有一条又高又宽的门槛，小时候老妈就经常提醒我，门槛不能踩，而要跨过去。

■ 报恩禅寺的大雄宝殿

▌礼佛。

　　大雄宝殿右侧有一个圆形宝殿，宽约两米。南边有个亭子，里面摆放着一个清嘉庆时期的老钟。寺内住持说，这里原本是供奉关圣帝像的。大雄宝殿左侧是观音殿和地藏殿。

　　观音殿内肃穆庄严的观音菩萨，面部圆润，两眼微合，唇角稍敛，神态安详，手持宝瓶，坐在莲花上，将甘露洒向众生。两旁的龙华、保华菩萨也是神态飘逸、端庄慈祥。墙上挂有精致的观音画像，殿内有专业人士提供解卦。每年大年初一，许多人来到这里问卦占卜，询问新年运程，祈求平安大吉。

　　从观音殿出来向左走，便是地藏殿。地藏殿约 50 平方米。地藏王菩萨双眼微合，庄严肃穆。两旁的墙壁上摆放着一排排先人牌位，增添了几分肃穆。

每个殿门口都有一个长方形的大香炉，供香客上香。每到佛诞、大年初一等重要节日，便有很多香客前来上香、礼佛，祈求福佑，寺内祥烟缭绕。

　　地藏殿前50米左右有道石梯，下面是一排建筑，分别是客堂、会议厅、财务室、小卖部。在小卖部可以买到很好吃的素菜带回家。这些建筑将活动区与休闲区巧妙地分隔开。往北走，中间有个走廊，穿过去便是一个大院子，眼前豁然开朗。这里有素食团年饭提供，可以提前几天预定。有时我们一家人也会在这里吃团年饭，跟街坊一起迎接新年。院子里面有一个凹型放生池，池子不大，但小巧玲珑。石栏杆上有花纹石雕，大多是双龙拱日、莲叶荷花图案。每根石柱顶端坐着一只雕刻精致的小狮子。中央有一座小拱桥，拱桥两端立有童子拜观音的石雕。观音菩萨脚踏莲花，手持宝瓶，慈眉善目，端庄慈祥。池塘里，几条锦鲤悠闲地游动。

■ 殿门前的大香炉

小巧精致的池塘

　　继续往北走，就能看见一座15平方米左右的药师亭，里面供奉延寿药师佛，端坐莲花之上，雕刻精致，栩栩如生。

　　药师亭的左右两边有走廊贯通，清静优雅。后面是两道阶梯。这道阶梯很特别，中间是一面2005年刻的露天九龙壁。九龙壁用花岗岩雕刻而成，雕刻的巨龙，龙须必现，威风凛凛，栩栩如生。右边是太岁亭，前方一层是斋堂，二层是弥陀殿。弥陀殿内非常开阔，三面墙壁都整整齐齐地排列着一尊尊小佛像，金碧辉煌。中央有个供奉台，整齐地摆放着贡品。左后方是宿舍楼，是近年新建的。三百多平方米的往生堂、延生堂、仓库、塔香库则建在东北角。

■ 两道石阶中间便是九龙壁。

■ 报恩禅寺侧门

　　往回走到童子拜观音石雕那里，沿着一侧走廊走到尽头，有一道侧门，外面就是观仙公路。这样的设计方便人们驱车出入寺院，遇到意外情况也能更快地疏散人群。侧门对面是登天福塔的另一条山路小径，这可是一条捷径。新年时候，人们上完香都会从这道门出来，顺着这条山路登天福塔，远眺一下大黄圃，也是心旷神怡。侧门两边有"登欢喜地是兰若，观自在春如竹林"对联，四根石柱都是浮雕镂空，飞龙抱柱，古香古色。两边的门壁分别雕有降龙伏虎图和五方五佛图。门前有一对麒麟、两个石狮滚珠、一双龟背龙身，全以花岗岩雕刻而成，雕工精细，活灵活现。

■ 报恩禅寺侧门

■ 门壁雕刻细节

站在高处观察，会发现报恩禅寺整体前高后低，呈长方形；楼阁亭台错落其间，雄伟壮观，房顶屋檐均刻有精美的石雕，古朴典雅；寺内竹木扶疏，以岩石铺地，干净整洁。我偶尔会在佛诞、吉日、法会等重要日子跟着老妈来参拜，周围香烟缭绕，鼓音钟鸣，感觉自己超脱于尘世，心境平和。

■ 报恩禅寺一角

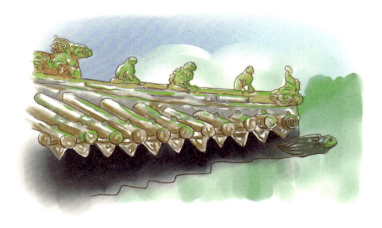

■ 屋顶上形态各异的精美石雕

随着时代进步，物质丰富，报恩禅寺得到许多热心人士的捐赠支持，僧人的生活不断提高，寺内的设施不断完善，宿舍都装有电风扇和空调，僧人诵经也用上了扩音器，各种家电器具齐全，这让他们可以更好地开展宗教活动，弘扬佛法。

　　报恩禅寺在完善设施的同时，全体僧众及广大佛教信徒也不忘回报社会。近几年来，报恩禅寺共捐出大米四十多吨，扶危济困，为黄围南三公路、人民桥、培红小学、红十字会、残疾人士等捐款一百多万元。2008年5月12日四川汶川发生大地震，报恩禅寺全体僧众、皈依信徒、善长仁翁捐款近六万元支援灾区。

天福塔

　　从报恩禅寺后门出来，对面有座山，山上就是黄圃公园，抬头就能看到一座高高的塔屹立在一道长长的阶梯顶端。这座塔便是中山海拔最高的景观塔——天福塔，是黄圃的一个新地标。

■ 阳光下的天福塔

2014 年 3 月，天福塔正式动工。工程一开始，就引起了很多黄圃百姓的关注。2015 年 8 月，有细心的街坊发现天福塔亮灯了，满心欢喜地以为工程很快就可以完工了。

■ 夜色中的天福塔

然而到了 2016 年的春节，天福塔才终于对外开放。当时塔外辅设工程还没完全建好，但也给了我们登高的机会。我和朋友一起沿着黄圃公园的阶梯一步步登上了山顶的天福塔。登上去的时候很累，但当我们从天福塔下瞭望，俯视黄圃，顿时变得心旷神怡，疲累一扫而空。天福塔侧面楼梯旁边还有一个仿古石缸，很少人知道是用来做什么的。天福塔楼高 56 米，共九层，建筑以宋代风格为主，融入经过八百多年历史文化沉淀的民间特色。据说，塔内一层用浮雕和全景画的手法展现黄圃镇八百多年的历史沿革；二层用壁画和浮雕的形式展现黄圃独有的民间艺术——飘色；三层以壁画的形式将麒麟、龙舟、龙狮这三种具有鲜明地域特色的民间艺术——呈现，呼应二层的飘色；四层展现黄圃的地理风貌和黄圃八景；五层则呈现黄圃的名胜古迹、庙宇祠堂；六层描述黄圃的风土人情和特色美食；七层再现生动的黄圃故事；八层讲述黄圃的文化教育；九层描绘黄圃的历史人物。

■ 登高望远

■ "这是做什么用的呢？"

天主教堂

　　从报恩禅寺正门出来，下坡，快到南坑市场时，有一座天主教堂，占地面积大约有 1500 平方米。据管理人员介绍，这座天主教堂是 1993 年建的。在 20 世纪 80 年代，中山的天主教堂就只剩下石岐和黄圃两间。

　　黄圃天主教原本属于澳门教区，新中国成立后就归属江门教区管辖。清朝末期，有两位法国人到黄圃传教，北头村教友何桂华、何简华献地建起了教堂。当时信教的主要是到黄圃行医的受西方教育较深的人士及其家属，还有一些原黄圃大滘村一队的村民，共二十多人。

　　后来日本侵略中国，天主教堂的教务中断了很长一段时间。日本宣布投降后，李磐石辗转在北头坊一带活动，先是在三社租赁了一间平房作为临时教堂。在光复之后，又在大厅巷租了一楼房作为临时教堂。在新中国成立后，天主教堂就建在三社坊上街，是一间政府土改没收的公房改建而成。"文化大革命"开始，天主教活动再次中断。到了 1976 年"文化大革命"结束，天主教堂便转移到龙安街上，后再迁至南坑市场旁，一直到现在。

这座教堂的整个建筑外墙以白色搭配红色。大门设计偏现代风格，比较简朴。横额上是五个繁体字"耶稣圣心堂"。教堂的院子不大，但一草一木都修理得整整齐齐，看起来生机勃勃又不失庄严。主建筑是典型的古罗马建筑风格，教堂中部上方是圆形拱顶。据说，圆形拱顶表现了当时人们对宇宙的认识：宇宙是圆形的。除了教堂正门上方的彩色圆形玻璃窗外，窗户的形状均为尖拱形。内堂门口附近贴心地摆放了礼拜和重大日子的时刻表，方便民众查看时间。教堂内，两侧整齐地摆放着一排排长凳，让教徒们能在这里安静地祷告。前方正中墙上挂着耶稣十字架，下方是一座别致的石台。石台正前方壁面上刻有图案和符文，两侧摆放有神像。

■ 两边墙上挂有画和天主教标志，简洁庄严。每逢星期天和天主教会等大日子，黄圃镇内的教徒都会聚集到殿堂内礼拜和聆听教经。

三社刘氏广宽祠

　　初中时，我在三社的旧镇中（黄圃镇中学旧址）上学，每天上下学都会经过三社刘氏广宽祠，但一直没进去过。后来上了大学，一次同学来我家做客，我就带她来参观，那是我第一次进"刘公祠"。三社刘氏广宽祠，黄圃人都习惯称之为"广宽祠"或新祠堂。它的建筑造型和雕梁画栋十分独特。

　　三社刘氏宗祠，其实是由刘氏广宽祠、刘氏清燕堂和棣华堂组成的。清燕堂坐落在三社社区灵鼓中街培红小学前，棣华堂就位于三社上街与灵鼓交界处。广宽祠是黄圃刘姓合族祠，由刘姓多个族人和石

■ 三社广宽刘公祠的大门

■ 三社广宽刘公祠鸟瞰图

岭刘乐波后人等捐资、捐地建成。1735 年，他们商议筹建祠堂。三年后决定先建中间那座，之后才陆续把前后两座建成。前后两座建筑至今已有 130 多年历史，而中座的历史还要多 124 年。

祠堂大门上方有一个黑色牌匾，上面用金色繁体字写着"广宽刘公祠"。门边有一对出自于钟鼎文作品的金字对联"盛业无疆眉寿福，吉金永宝子孙昌"。两旁各有一个大平台，用大麻石砌成，有风霜侵蚀过的斑驳痕迹。右侧的石台的角落掉落过碎石块，现在留下了修补过的痕迹。在边的墙面上贴着广宽祠的鸟瞰图，石柱和木梁上都雕刻着精致的花纹图腾和人物场景。木梁上的场景雕刻更是从祠堂初建的时候就保留到现在，经过岁月侵蚀，但还是可以看出当时的雕刻师傅手工有多精湛。

大门门扇上绘有一对威武的门神，生动逼真。祠堂的小侧门也绘有一对这样的门神。门楼两边各有一个边厢，厢房墙上的黑色石碑上刻着广宽祠堂从筹建到落成的全部资料，一目了然。

■ 不怒自威的门神

灰雕细节图

　　前座门楼有八根麻石柱子，支撑着木造的叠架底部来承托住整个瓦顶。祠堂屋顶铺了四层瓦，而两边像长了两只耳朵一样，这种建筑造型叫"镬耳瓦龙舟脊"，这种房屋也被称为"镬耳屋"，就像我们平时用来炒菜的铁锅上的两只耳朵。

　　镬耳屋是岭南传统民居的代表，主要用青砖、石柱、石板砌成，外墙均有花鸟图案，屋顶有不同图案的"灰雕"。灰雕是以经过特别处理的石灰为主料，用批刀直接雕贴于墙上或檐下，干结后形成各种山水、人物图案，具有浮雕的艺术效果。广宽祠的灰雕都涂上了鲜艳的颜色，效果更加立体。门楼的右边有一条厢廊，连接前后祠。厢廊的瓦顶上有三幅灰雕场景画，惟妙惟肖，灰雕之间由香炉状的镂空雕塑隔开。内部的青砖墙壁上方也有几幅画在瓷砖上的壁画，水墨风格的壁画旁配有诗句，非常有韵味。

屋顶上色彩斑斓

再进去就是后祠了。后祠是孝思堂，门前有五级台阶。底座和两边护栏都是用大麻石构成，护栏上刻有二龙戏珠、双凤朝阳浮雕。大门处有四根麻石柱支撑，两柱架起一根横柱，横柱中都有一只瑞兽。最引人注目的是祠堂中央一扇巨大的黑色屏风，站在屏风面前，瞬间觉得自己变成了巨人跟前的小矮人。这扇大屏风由六扇实木组成，可以开关，雕有花纹和镂空窗雕。屏风中间插着一面印着"刘氏广宽饲"的旗帜，两边有两根黑柱子，柱子上刻有金色大字"刘族子孙衣锦荣归春烁祭祀毋忘出生地，广宽后裔艰苦创业为善积德祖训亮如天"。这是赞颂刘氏祖宗给子孙后代所留下的恩泽。屏风后有一个鼎，供奉着刘氏家族祖宗神位。这个祠堂十分精致，可以看出刘氏子孙对先人非常尊敬。

■ 孝思堂里巨大的黑色屏风

▌祠堂里细致精美的雕刻

龙头里

从刘公祠出来，往祠堂侧面一直走就会见到一棵穿破铁盖顶生长的大榕树。它像是伸展手臂，想钻出这条小巷子。榕树底下摆放了一个社公像。高大的榕树庇护着这里的一方天地，为树下的社公和来往的人们遮阳挡雨。

■ 龙头里的大榕树生命力太顽强，连铁皮屋顶都挡不住。

■ 其乐融融的邻里乡亲

这里叫做龙头里。

这棵大榕树已经有一百多年的历史了。社公的位置本来是在旁边空地上的，后来这里的房子建起来了，就被移到榕树底下了。

社公的香火鼎盛。对面是一家包子店，生意挺好。

整条巷子恬静而融洽。

主帅庙

　　走到包子店门口发现，隔壁有个庙。据街坊老奶奶介绍，这是主帅庙，据说它的历史比龙头里还要久，从重建时算来都有 200 年的历史了，平时都由一些老街坊打理。

　　主帅庙的面积不大，庙里只有一尊主帅石像，石像前奉有香案，案上有香炉。整个庙非常整洁，供奉的鲜花食物都是新鲜的。

■ 包子店旁有座庙

老奶奶还讲了一个主帅庙的故事:

"我小时候,听大人们说,在很久很久以前,北头村的村民贫富差距极大,许多村民过着贫苦的生活,而地主乡绅却生活奢华。就像许多武侠电视剧演的那样,乱世出英雄,这个时候出现了一位劫富济贫的侠盗。他行侠仗义,救济村民,深受村民们的爱戴,被称为'主帅'。他死后,村民为了纪念他,建造了这座'主帅庙'。"

"哇,原来这座庙是这样来的。"

"主帅庙建了之后,有一次村民举行'主帅诞',在贺宴上竟煮了一锅鸭粥。谁知煮到一半,锅突然炸开,鸭粥洒了一地。"

"这是怎么回事?锅怎么会突然炸了呢?"

"据说,主帅在一次行动中,被地主发现了,于是地主派遣家丁追捕。他们跟着主帅的脚印一路穷追不舍,主帅体力开始不支,就在家丁们快要追上之际,突然一群鸭子出现在主帅身后,把他的脚印踏得模糊不清,使家丁们失去方向,没办法再追寻下去。主帅因此逃过一劫。鸭子救了自己的性命,主帅为报恩,决心以后再也不吃鸭肉。而村民煮鸭粥时,他便砸锅以作警示。从此之后,村民每当举办'主帅诞'的祭祀都不再用鸭做菜,后来甚至在喜庆宴席时人们也不用鸭入菜。"

"哈哈,原来还有这样的传说,真有趣。"

吃货快捷通道

食洽会

说到美食，一定要介绍黄圃国际会展中心。因为黄圃的"食洽会"都是在这里举办的。如今国际会展中心已成为黄圃镇的标志性建筑之一。它位于黄圃兆丰村食品工业园（中国食品工业示范基地）内，紧连黄圃镇中心城区，展馆旁边就是津津大酒楼、三鑫酒店，东有京珠高速，西有广珠西线高速和广珠轻轨，交通便利，是一块旺地。会展中心融合展览服务、贸易洽谈、餐饮住宿为一体。占地面积4.8万平方米，展览面积足有4万平方米。展馆分主馆和副馆，主要采用钢网架和玻璃幕墙结构，现代化的建筑风格与这个工业园建筑相呼应，时尚大气。展馆内部设施齐全，通讯设施、公共广播、中央空调、数控照明系统、自动电力保障系统齐备，还安装有防盗数字化监控设备、触摸式查询装置等配套设施。每个展馆都有独立的出入口，既可独立使用又可随意组合。馆外还有一万多平方米的会展广场，可举行盛大开幕典礼和开放性活动，如美食节时就会在这里摆设小食摊位。广场周围有充裕的停车位，小伙伴们开车过来参观展会就不用担心没有地方停车了。

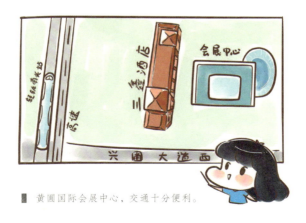

▌ 黄圃国际会展中心，交通十分便利。

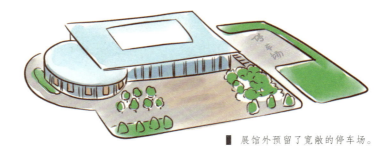

　　除了"食洽会"，国际会展中心还举办了许多其他的大型活动，如 2015 中山日报（黄圃）文化欢乐节暨动漫嘉年华、全国品牌服装博览会暨中华美食节、中国小家电交易会、中国家用电器中山订货面洽会、华南（中山）国际家用电器配件及制造工艺技术展览会、2008全国品牌服装博览会暨啤酒节等。

　　值得一提的是，这里举办的大型展会获得过多项国家级大奖。会展中心还获得了"会展之星"、"全国优秀展览场馆奖"、"中国会展经济杰出贡献"等荣誉。

　　对于吃货来说，最关注的当然还是美食节和食洽会。2005—2016 年，黄圃镇连续 12 年举办"食洽会"，每年一届，那可是吃货必去啊！至今已经举办过好几届品牌服装博览会暨美食节。我没赶上 2016 年的美食节，但我记得 2015 年举办的中山黄圃文化旅游美食节有近 100 家全国各地美食和车展、书画展、青少年才艺秀、象棋围棋赛、重机车特技表演综合起来在会展中心摆展，在馆外的会展广场也摆满了小吃摊位。在馆内可以看到金煌腊味、观仙酒庄、寿桃面等大家熟知的商家和品牌。展会上除了有商家洽谈之外，也有很多市民参观、试吃。

■ "这个、这个还有这个！都给我来一份。"

馆外摆设的特色小吃十分诱人。走道两旁都是小吃摊位，新鲜出炉的美食整齐地摆放在桌上。有家写着"北京金聚福烤鸭"的小摊，摊位上摆放着几个挂式烤炉。当师傅打开炉盖的时候，可以看到里面挂满了整只的烤鸭，烤好的鸭子色泽红艳。咬一口，肉质细嫩，味道醇厚，肥而不腻。对面是蒙古羊肉串摊位。隔壁有家"长沙臭豆腐"，摊位招牌写着"毛主席亲笔题词：长沙臭豆腐"，桌上摆着油锅和炸好的臭豆腐。买一份，端着热腾腾的臭豆腐边走边吃，好不惬意。碗底浅浅的汤汁裹着小葱、碎蒜、姜粒，香气扑鼻。臭豆腐外表黝黑，像黑炭一样，表面满是因油炸而隆起的小泡，但用竹签戳开，可以看到里面新鲜嫩滑的豆腐。蘸着汤汁，一口一块，特别有滋味。往前走，天津狗不理包子、台湾香辣蟹、湛江生蚝、洪七公叫花鸡、神农架野生板栗、香酥芙蓉虾等应有尽有，价格不贵，适合市民消费。逛完一圈，保证你能抱着圆滚滚的肚子满载而归。

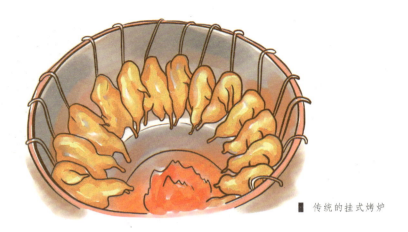

■ 传统的挂式烤炉

■ 香喷喷的"臭"豆腐

"食洽会"全称是中国国际食品工业经贸洽谈会。在中国食品工业协会的支持下，从2005年起，食洽会由国家商务部批准，中国食品工业协会、中欧联合商会、中山市人民政府联合主办，举办地点就定在黄圃国际会展中心。食洽会每年举办一届，每届展会都吸引众多国内外的参展商前来展示产品，完成贸易项目。除了摊位产品展示，现场还会有许多试吃活动和走秀表演。展会不仅对商家开放，同样欢迎市民前来游览，购买特色食品，场面热闹非凡。食洽会还被评为"中国十大最具影响力品牌展会"。食洽会如今已成为集项目展示、经贸洽谈、招商引资、信息交流为一体的食品盛会以及中外食品行业交流合作的重要平台。

▋ 清末民初作坊式腊味加工场示意图

2007年开始，主办方顺应网络科技的发展，启动了"网上食洽会"，进行全天候网上推广，为展商提供更高的宣传效益。所有参展商都能免费享用为期一年的虚拟展台，结合"现场展览"及"网上展览"，为企业创造更多的商机。除了阿里巴巴、全球食品配料网、亚洲食品资讯搜寻网、中国食品网等网上推广，还获得《经济日报》《中国经营报》《中国贸易报》《中国食品报》《美食导报》以及《中国食品》《食品文摘》《中国食品与市场》《新食品》《中外食品》《中华保健食品》等众多专业报纸、杂志的大力报道。

2011年，适逢黄圃腊味生产125周年，这一届的食洽会上还举行了"黄圃腊味历史文化展览馆"开馆仪式、"广式黄圃腊味十大传承人"评选颁奖等一系列庆祝活动。黄圃腊味历史文化展览馆位于黄圃镇新丰北路98号的"蓝雁冷藏实业有限公司"内。走进黄圃腊味历史文化展览馆，就能看到逼真的蜡像，生动再现了古老的流水线制作黄圃腊肠的场景。从腌料到最后灌肠衣扎结，表情、动作都栩栩如生。

食洽会通常分设几个展馆，设置特装展位60多个、标准展位600多个，提供来自30多个国家和地区的共600多家食品企业参展。每年展出的外国产品都让人大开眼界。市级以上名优企业占总参展企业数的80%以上。展出的主要有肉制品、酒类、饮料、干果、坚果、糕点、糖果、蜜饯、饼干、奶粉、巧克力、冰淇淋、乳制品、奶制品、蛋制品、豆制品、咖啡、红酒、罐头、蜂蜜制品、果蔬制品、精制茶叶、食用菌、熟食及腌制食品、粮油食品、方便食品、休闲食品、旅游食品、营养食品、绿色食品。除此之外还有各式各样的调味品、植物油、香精香料等，也有食品加工机械及包装设备、食品科研项目展示。与食品有关的应有尽有，保证让你大开眼界。

食洽会持续七天，让参展商有足够的时间进行洽谈和展示。市民也能更好地安排时间来这里游览，不用担心错过盛会。

展厅内是大型企业摆展，展厅外的广场也设有特色小吃摊位，有点像美食街，规模比美食节小一点，但也营造了一种休闲氛围。每年这些休闲小吃摊位都供应特产零食、现做小吃，像台湾牛皮糖、内蒙

古牛肉干、香港赖尿牛肉丸、叫化鸡、炸雪糕等。小摊的食物香飘十里，吸引路过的市民。看着这些八珍玉食，他们忍不住要试一下。现场吃完后，还可以打包回去跟家人分享。

开展到今，食洽会已经获得过多个奖项，如 2007 年度全国经贸洽谈会 50 强、2007 年度全国下入会主导型 展会 100 强、2007 年度"中国会展之星"、2008 年度中国十大食品行业品牌展会、2009 年度中国行业品牌展会金鼎奖、2010 年度新世纪十年中国品牌展会大奖。食洽会能在黄圃举办是黄圃人民的荣耀，希望食洽会还能一直开展下去，一年比一年热闹。

逛完展会，我们接下来一起去看看黄圃的几个老字号店铺吧。

黄圃腊味

说到黄圃的特色美食，首屈一指的当然是黄圃腊味了。

岭南有句俗语：秋风起，食腊味。意思是，每年农历立秋之后，秋风送爽之时，就是制作腊味的时节了。

关于家乡这种特色美食，奶奶跟我讲了一个有趣的故事。

相传，发明腊肠的是黄圃一位卖粥的档主，名叫王洪，人称老洪先生。清光绪十二年(1886年)冬季某天，天气极冷，雪雨纷飞。王洪准备好的猪肉、猪肝、粉肠等卖不出去。他脑子一转，想到用盐、糖、酱油等东西把肉料腌起来。连天阴雨，王洪只好将粉肠掰衣，将猪肉切粒，塞进肠衣，用水草分截绑好。悬挂于烧猪炉内烘干，天晴后又拿出来晾晒。经数天风吹日晒，肉肠吃起来别有风味。王洪如法炮制，设档出售。因此物是猪肉辅以肠衣制成，形如猪肠，故名腊肠。腊肠，以其风味独特、耐储藏的特性，名声日噪，供不应求。大家争相仿制，遂形成后来闻名省港澳的"广式腊肠"，也造就出一批黄圃腊味师傅。

① "好、好冷！"

② "呀！"

③ "先腌一下。"

"哎,又是雨……"

④

"还是先塞进去扎好。"

⑤

"终于放晴了!"

⑥

"晒晒。"

"成了！"

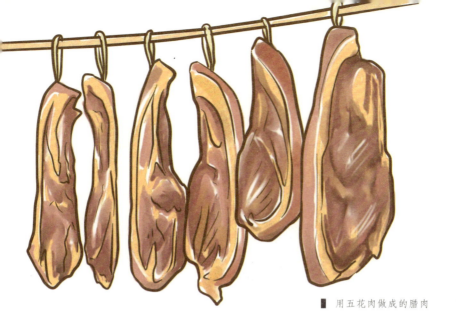

　　这位励志的卖粥档主不但改良产品，创业成功，还成为流芳百世、造福子孙后代的人。

　　由于珠江三角洲地区天热潮湿，新鲜的食材不容易保存。聪明的黄圃人采用盐、糖、酱油、酒腌制后再晒干的办法，制作出色香味美的腊肉。之后又以这种方法对猪的各个部位进行制作，渐渐总结了一套腌制的配方和制作花式品种的方法。历史上蛋肉兼用的中山麻鸭、膘厚肠肥的大花白肥猪也是这里的名产。黄圃商人大动脑筋，把初级农产品转变成高级商品的腊味制作方法就这样创造出来了。

如今，黄圃腊味已经走入商业化发展道路。早在20世纪三四十年代，黄圃人就在广州市开设了"沧洲"、"八百载"等烧腊店。广州著名的"皇上皇"、香港的"荣华"烧腊味店，也专聘黄圃师傅坐镇把关，手艺历代相传。而现在黄圃，腊味厂就更多了，较知名的有"荣业"、"泰上皇"、"银华"等八十多家。在观仙路的荣业腊味厂还设有一家免费开放的腊味文化馆，让有兴趣了解黄圃腊味文化的人参观。平时许多小学和培训中心组织孩子过来参观了解这一特色文化。近几年流行的品牌零售专卖店"千腊村"也是出自黄圃。下面我选两个出名的品牌简单介绍一下，方便外地来的小伙伴们采购回去作为手信。

■ 据说远近闻名的"皇上皇"腊味曾经也专聘黄圃师傅坐镇把关。

首先是"千腊村"。黄圃新市场就有一家连锁分店，很好找。在中山市内的大型市场通常都有千腊村分店。店内除了出售千腊村自己品牌的产品外，还有黄圃其他有名的腊味品牌产品和冷藏食品，为消费者提供更多的选择。每年春节，我家基本上都是去千腊村购买火锅料和腊肠的。除了自家食用，也适合过年送礼。

　　"千腊村"是中山市千腊食品有限公司的品牌，厂址在黄圃镇镇一食品开发区，就在黄圃会展中心那个区域。生产基地有六万多平方米，是中山市规模较大的食品生产企业，拥有两名国家首批肉制品加工高级技师。生产的食品除了传统的广式腊肠、腊肉、腊鸭、腊乳鸽、腊鱼、手打肉丸等五大类七十多个品种外，还有三文治火腿、烟熏培根、西式香肠、日式豆捞火锅速冻肉丸等四大类五十多个品种。这些国外热销类型的低温肉制品，是从 2000 年开始，引进德国、意大利、瑞士等国家的先进食品生产机生产的。现在主打产品是"千腊村"牌的腌腊制品、西式脆皮肠、西式三文治、烟腩片。千腊村一直坚持做高质量产品，严格进行规范化生产管理，所以千腊村的出品质量和风味获得消费者的一致好评，成为经销商首选品牌之一。千腊村的产品已经远销至加拿大、澳大利亚等国以及我国港澳台地区，深受海内外食客的喜爱。

　　现在千腊村公司表示对日后的愿景是：争取做到全国广式香肠第二品牌，取得国家著名商标；成为广东省以千腊品牌为依托的食品加盟连锁肉类食品专卖店经营为主，以肉类食品深加工为辅的最大规模的经营型食品企业。

　　接下来要介绍的是荣业腊味公司，全称是"中山市荣业食品有限公司"。荣业腊味公司的厂门很显眼，大片的红色，让人一眼就能看到。一进厂门，左侧就是极具东方韵味的腊味文化馆。外墙由红色瓷砖砌成，右边有四根青灰砖方柱。文化馆门口是用青灰砖围成的拱形门，左边立体的竖牌坊上面写着"荣业腊味文化馆"，牌坊呈镬耳瓦龙舟脊造型。大门上方是一排短瓦顶，上面立着"荣业腊味，新腊味文化倡导者！"的宣传广告牌。右侧是通往厂内的大门。整个设计别具匠心，

散发一种传统的中华古典之美。

一位热心的腊味师傅带我们参观文化馆。

师傅说，荣业腊味文化馆在 2015 年黄圃文化旅游欢乐节时举行开馆庆典，许多领导和业内人士都出席了。当时在馆内还举行了一系列腊味 PIZZA、图章文化、腊肠 DIY 的创意互动活动。

平时除了外地游客之外，也有学校组织学生来参观。2015 年 10 月，"我是中山小主人"公益文化游第二期的走读活动，中山商报记者和一些志愿者带领 16 名来自中山南区恒美小学的小朋友前来，馆内师傅给小朋友讲解腊味的历史文化和制作步骤，还让他们自己动手制作腊肠。

在馆内的一面墙上，用文字详细记录了荣业腊味的四代传人创业、守业、继承、发展以及新时期以创新手段复兴老行业的故事。荣业腊味始自清光绪十二年（1886 年），到现在已经有一百多年的历史。在

很久以前，荣业腊味创始人何维世偶然得到了一个秘方，制作出来的腊味风味与众不同。于是他用心制作腊味，开坊售卖，深受大众喜爱，如今成为家喻户晓的老字号。荣业第三代传人叶纯钊还被授予"广式黄圃腊味十大传承人"称号。

馆内还展示了荣业腊味古时最原始到实现工业加工制作腊味的工具，如小针板、草绳、柴油轮火嘴、烘房风轮等。

师傅说，这些工具已经好久不用了。为了提高效率，厂内已经拥有自动灌肠机、自动绑节机、腊肉打条机、蒸汽烘房等一系列先进生产设备，严格按照食品安全管理体系认证要求组织和实施生产，确保食品质量安全。公司获得了"中山市产品质量监检合格企业"的称号。

最后是过去荣业腊味商铺进行买卖的场景。青灰砖墙身，墙上挂有腊肉，正上方是"荣业腊味"木制招牌，店门口挂着一串串的腊肠，门口左侧摆着长长的柜台，柜台上放有记账用的文房四宝，算盘后面有一个"荣业腊味"刻字的玉石图章，柜台右侧还有一篮子腊味。一个妇女来到这里要购买腊肠，老掌柜在柜台用小秤秤腊肠给客人。

参观完文化馆，师傅送给我一本荣业腊味推出的《舌尖上的黄圃腊味》腊味食谱。食谱上不仅有始创的"腊味九大簋"，还有精心挑选的十八款经典菜式：广式腊味炒甜蜜豆、腊味茶树菇乳香肉、薯仔焖腊鸭、腊味蒸黄花鱼等。有了这个食谱，妈妈再也不用担心我在外面工作"无啖好食"（吃不好）了。

现在，荣业腊味在中山黄圃、古镇、坦洲、石岐、南朗都设有连锁零售店。荣业腊味黄圃店位于兴圃大道77号，朱红色的招牌，传统的中华古典建筑风格，游人很容易找到。

小 tips

如何挑选好的腊味呢？荣业腊味的师傅介绍了三个步骤。

一看：用肉眼观察。优质腊味色泽光润，像荔枝外壳的红色。

二摸：用手摸一下腊味表面，优质腊味手感干爽、肠衣紧贴、弯曲有弹性，切面肉质光滑无洞、质感好。劣质腊味摸上去湿润，质感浮松，切面肉质松散，有较大的空洞。

三闻：优质腊味闻起来香气浓郁、肉香味突出，有强烈广式腊味特有的糖、酒等香味。劣质腊味切面无酒香味和鲜肉味，有的甚至散发出陈腐和酸败的气味。

三顺生老字号饼铺

　　从黄圃人民桥下的"榕树头"走进百货杂陈的"旧街"，街道不宽，但商铺林立。店铺大多还保留着当年的风貌，一代接一代坚持经营，招牌几乎没有改变，内部陈列也没太大变化。在这里能买到日用百货、家用电器、散装零食等，所以黄圃人都称这条街为"旧街"。而老店里面又夹杂着一些装修时尚的便利店、面包店。快到街道尽头处，就是我们要找的第一家老字号——"三顺生"饼铺。

■ 老字号"三顺生"

　　"三顺生"饼铺从1933年经营到现在，已经有近百年的历史。以前在公私合营时期，曾经叫"黄圃饼厂"。到了20世纪90年代末，当时的饼厂员工何洪辉接手，饼厂改为饼铺，店铺名字改回"三顺生"，经营至今。

　　这家百年老字号饼家的招牌是木刻的，大大的玻璃橱窗让店内的运作情况一览无余。走进店内，左边有个玻璃柜，上面摆着几个老式的玻璃瓶。瓶里面装着各种饼，有鸡仔饼、光酥饼等。玻璃柜里也摆放着一盘盘比巴掌还大的饼，有老婆饼、南乳烧饼、椰丝饼等。这里的饼大多是1元左右一个，很实惠。小时候我经常和母亲来这里买饼。他们的饼好吃又耐放，我们通常一次买上许多，拿回家放着，当零食吃。最喜欢的是南乳烧饼。上了大学，每逢节假日回家一趟，我都会来这里买些饼带回学校做干粮。每年中秋佳节，饼铺都要增加人手大量制作月饼。我最喜欢吃这里的豆沙月饼，价钱公道，味道又好，很多本地人都会来这里购买月饼过节，还吸引了周边城镇的人过来购买。除了月饼之外，"三顺生"的嫁女饼也很有名。

大有益凉茶铺

门口挂着一个写着"大有益"的葫芦形状牌子的铺子，就是大有益凉茶铺。别看这家凉茶铺店面不大，但在我出生前就有了。在黄圃人面前提起"大有益"，几乎无人不知。

黄圃人历来有喝凉茶的习惯。明清时期，医药不发达，老百姓生活贫苦，家人生病时只能靠山上的生草药医治。在石岭、岗东、西坑一带的村民，除了在大岗山挖掘生草药治病之外，还拿到集市和附近的村落出售，后来人们还将草药煎煮成汤水出售。凉茶售卖逐渐成为一种行业。到了民国时期，黄圃凉茶的种类增多，在凉茶里再加入一些中成药粉，更是可以治疗多种疾病。

其中有个绰号"大凉水"的游大叔，拎一个装满凉茶的大葫芦随街叫卖，后来在永安街口设档经营。他售卖的凉茶功效很好，因此变得远近闻名。游大叔去世后，他的儿子游国治继承了凉茶的处方和做法。游国治退休后继续经营凉茶铺，将店铺命名为"大有益"，由他的后人经营到现在。现在的凉茶铺除了凉茶之外还有云吞、牛肉面，是黄圃男女老少公认的又便宜又好吃。

"老板，来碗牛腩面！"
"好咧！"

关家尾头菜

　　黄圃关家尾头菜，也是我们从小吃到大的美食，与黄圃腊味一起陪伴着我们成长。小时候，老妈经常以头菜入菜，又香又脆，老妈自己也特别爱吃。关家尾头菜由黄圃兆丰村关家尾坊加工制作，故名"关家尾"头菜。

　　关家尾头菜是怎么来的呢？原来，在民国初期，有一个叫周安康的人，采用晒干、盐渍的方法，制成了一种清香甘爽的食品，取名"关家尾头菜"。自此之后，关家尾村民都习惯在秋冬季节加工头菜。秋冬天气晴朗、北风干爽，最适宜加工头菜。如今，关家尾仅有几十户人家，每年秋冬时节却能制作、销售数千吨头菜，被称为"头菜村"。

以前每到加工制作头菜的时节，我上学放学骑着自行车路过关家尾的晒场，都能闻到头菜的清香。晒场上，有的阿姨在晒棚上晾晒头菜，有的在清理刚运来的头菜，有的则在回收已经晾晒好的头菜。在村子里常常都可以看到"关家尾头菜批发零售"的宣传广告。盐渍头菜的做法是，将挖起的头菜晾晒三四天，然后放入盐池，浸泡两三天，就可以将头菜取出。晾晒四五天，再把头菜埋堆，返缸腌闷，使腌晒的头菜变得金黄。最后晾晒两天，就可以包装上市了。现在还可以在网上买到关家尾头菜，真的太方便了。

▇ 头菜晒场

"唔，真好吃！"

　　平时我们会把关家尾头菜拿来炒菜，也会把头菜切成丝，在煮青菜汤的时候加入菜汤中，还可以在剁肉饼中加入头菜，变成"头菜剁肉饼"等，使味道和口感更丰富。每到春节，我们还会把这种特色美食送给亲朋好友。关家尾头菜是黄圃人的送礼佳品。

可以剁肉饼

可以煮菜汤

观仙酒坊

在观仙路上的古树公园附近，一家民宅背后的小烟囱每天早上都会不断冒出白烟，这些白烟是由大米蒸馏出酒时产生的水蒸气，路过的人都能闻到随着水蒸气飘散出来的甜醉香味，这股香味每天都会持续到上午 11 点。

民宅正门上方挂着一块"观仙酒坊"的门牌，门牌下挂着灯笼。这就是黄圃的"观仙酒坊"。酒坊的老板叫刘伯康，人们亲切地称他为"康伯"。我们说明来意之后，康伯热情地招待了我们，并带我们参观酒坊。

"康伯，观仙酒坊是什么时候建立的呢？"

"酒坊的创始人叫刘禧福，是我爷爷。1899 年，我爷爷在黄圃永直街通里桥建了一座两层的楼房，那就是最早的酿酒坊，当时名为'合利酒坊'。后来才改名为'观仙酒坊'，还请人按自己的记忆画了一幅画挂在店里。"然后康伯指着墙上的挂画说："就是这幅画了。"

康伯继续说"不过当酒坊传到第二代的时候，因为公私合营而停止了米酒生产，转而经营豆芽、豆腐。多年之后，我决定重操祖业，请来了中山酒厂80多岁的退休工人，然后重新在这里开了'观仙酒坊'，一直坚持土法酿酒。"

在作坊内可以看到，除了康伯之外还有两位酿酒师傅，他们正在用柴火蒸馏酿酒。作坊里面有一口用白色隔热材料包裹起来的大锅炉，师傅们将发酵好的米放入锅炉，用柴火加热炉膛，蒸煮大米。清冽的米酒从一旁的管子流出来，蓄在铁桶中带着浅浅的米汤色。锅炉经过柴火日积月累的烧烤，早已变成了一片炭黑。

康伯讲解说："师傅将一盘盘蒸好的米饭倒进巨大的操作台上，另一个师傅负责拿着大铁锹将饭摊开、散热。待米饭凉透之后，师傅们就会往米饭上撒酒曲。撒一次，拌匀。再撒一次，再拌匀。这样才算完成。"

■ 酿酒师傅将蒸熟的大米摊开、散热。

康伯指着一个白色大桶说："拌了酒曲的大米会放到这些白色的大桶里，等它沉淀。大米经过充分糖化之后才能加水发酵，加了水的大米第二天就会开始不停地冒泡，就像我们开啤酒罐时啤酒会冒着细微的泡泡那样。冒泡持续三天左右。停止冒泡的大米还要在桶里面酝酿，等汤色变得微黄，有一股微酸味的时候，再把大米放回锅中持续蒸 20 天左右。"

酒坊里常年挂着温度计，康伯说："温度会直接影响米的发酵，太冷或者太热都不行。我们酒坊至今依是用传统的方法调节温度。夏天，我们就会在下午 4 点室内最热的时候用凉水喷淋墙面和地板。作坊里的瓷砖都是从地面铺到最顶的，喷洒之后水会哗啦啦地顺着瓷砖流下来，这样一直到晚上，整个车间里都还是凉爽的。到了冬天，我们会铺上地毯保温。"

生产出来的酒装在大大的陶瓮里，用白色粉笔在瓮的外面标上度数。店里摆满之后就存放在地下室，也会分些小的陶瓮装着放到店面展示，方便客人品尝和少量购买。酒的种类很多，除了米酒之外还有各种养生药酒，如冰糖青梅酒、陈皮罗汉果酒、红枣酒、糯米酒、杞子酒等。康伯近年更是改良以往的果酒，推出适合人们节日送礼的礼盒装果酒。店里最出名的就是"瓮头春"保健酒。随着时代的发展，康伯的儿子刘俊声通过网络营销把观仙酒坊的酒推销到市外，让更多的人能品尝到这种传统香醇的酒。许多外地游客来到这里也会购买一些酒回家。随着现代经济发展，传统工艺越来越多地被新兴技术所取代，很多人都选择弃旧奔新的发展方向，这种传统酿酒工艺就越发显得珍贵。康伯希望这种传统工艺还能好好传承下去。

牛棚餐厅

"有牛奶卖！有牛奶卖！"

"这里要两瓶！"

　　记得在我读小学的时候，中塘村的一对夫妇常在早上骑着自行车在黄圃的各条街道行走叫卖。他们在黄圃中山糖厂直入即新明南路渡头对面养了三头奶牛，每天一大早在牛棚里挤出新鲜牛奶，然后倒进一个个大可乐瓶里，上街叫卖。镇上只有他们一家卖新鲜牛奶，每天只有几十瓶，所以很是抢手。通常我们一听到他叫卖都会立马去买并预订第二天的牛奶。牛奶买回家之后，用文火煮一下就会飘出浓浓的奶香，加一点砂糖就可以喝了，味道远比超市卖的盒装牛奶浓郁可口。

他们从 1968 年开始养牛，至今已经快五十年了。现在他们把奶牛迁到东凤镇饲养，但依然坚持自产自销，还经营起了餐厅——"牛棚餐厅"。他们用自家产的牛奶作为食材，推出了招牌菜式——牛奶浸鸡和炸牛奶。牛奶浸鸡就是用牛奶文火煮鸡。牛奶使鸡肉的肉质更香滑，煮的时候飘出浓浓的牛奶香，让人垂涎三尺。炸牛奶也是香脆可口，受到食客的喜爱。牛棚餐厅还在黄圃新地牌坊对面开了分店，由他们的女儿负责，主要经营宵夜晚市。牛棚餐厅的营业时间是下午5 点到晚上 10 点。

■ "牛奶浸鸡"

■ "炸牛奶"

咸酸铭辣菜

"有'酸酸'！有'酸酸'卖！"

除了三顺生老婆饼外，小时候家里时常备着的还有咸酸铭辣菜。塑料罐子里装的是泡着酸醋的水果蔬菜。我们通常称为"酸酸"，多是黄瓜、芒果、青榄、李子、生姜、萝卜等。黄圃是农业大镇，盛产蔬菜瓜果，所以黄圃人从很早以前就懂得把本地大量出产的水果蔬菜加工成咸酸菜，留一些自己和亲戚朋友享用，其余拿到街上出售。黄圃人都很喜欢吃，也有很多来到黄圃工作的外地人愿意购买品尝。多年以前，镇二村、兆丰村和吴栏村就已经有专门作坊，其中最有名的就是灵鼓坊的铭记。

咸酸菜的制作方法非常简单，是一种懒人美食。

先把瓜果蔬菜洗干净，切成大小差不多的块状，然后放进罐子里，用适量的盐腌制几个小时。之后捞起来沥干水分，再用白醋浸泡一两天，最后加些甜味料就可以了。做好的咸酸菜酸酸甜甜，又爽又脆，让人胃口大增。

■ 切片

■ 腌制

大魁黄沙蚬

　　黄圃大魁水道产出的"黄沙蚬"，以肉质鲜美可口著称。本地的传统食用方法是，把市场买回来的蚬肉洗净，然后将黄圃的腊肉切粒，韭菜切小段，搅拌在一起小炒调味，作为馅料，用生菜包着吃。咬一口，生菜的清甜、蚬肉的鲜、腊味的香，韭菜又能去除蚬肉的腥味，那味道真是无与伦比。制作简单，是我喜欢吃的一道黄圃特色菜。

"真好吃！"

蚬肉＋腊肉＋韭菜

生菜

■ 用生菜叶子将
炒好的蚬肉包起来吃

健芝乐灵芝园

　　海蚀遗址附近有个黄圃灵芝园。据员工介绍，中山黄圃人冯湛培早些年在梅县建立灵芝种植场，经过多年栽培试验，技术和产量都已保持稳定，便想创新，经营餐饮，于是回到黄圃创建了"健芝乐灵芝园"，在家乡研究灵芝美食。

■ 灵芝园大门

走进灵芝园大门，左边有个科普教育展厅，展厅里张贴有灵芝介绍，还展示了一些成熟的灵芝食材和各种灵芝加工品。店门前的走道两旁都是菜园，据店员介绍，这里的食用蔬菜都是自己菜园种植的，而且不添加农药，用自产的灵芝种植包代替肥料，种出来的蔬菜新鲜安全，营养价值更高。菜园有一部分被开辟出来用于亲子菜园摘菜活动，供人们体验采摘乐趣。

走道右侧是灵芝的室内养殖场，里面种满了各种灵芝，有香芝、赤灵芝、鹿角灵芝、紫灵芝、赤灵芝。除此之外还有茶树菇、松茸、平菇皇等菌类。顾客可以亲自采摘。2015年10月31日，《中山商报》联合香山商业文化博物馆等团体单位推出"我是中山小主人"公益文化游第二期走读活动，其中一站就是灵芝园。小朋友参观养殖场，学习灵芝知识，体验种植的乐趣。

灵芝园的后面是厨房，厨房两边就是餐饮区。这里的招牌菜灵芝鸡，所用的鸡是由灵芝园从养殖场的灵芝孢子喂养的，肉质比普通养殖的要清香爽滑。餐饮区内设有展架，上面展示了一些灵芝加工产品，有瓶装的自产灵芝切片、灵芝孢子粉、灵芝粉等。这里除了提供餐饮之外，还有可以购买外带的菜式。去年冬天家人从灵芝园买回灵芝孢子粉肉丸，清爽美味，最适合一家人围成一桌"打边炉"（吃火锅）的时候吃了。

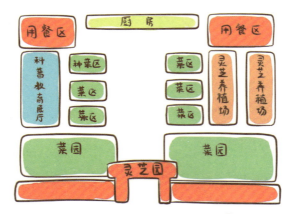

■ 灵芝园布局

■ 灵芝养殖场

茶树菇

松茸

■ 孩子们享受
亲手采摘的乐趣。

中山电视台《周末去哪儿》、南方电视台 TVS2《我爱返寻味》曾到灵芝园拍摄并介绍推荐。《周末去哪儿》是中山电视台的一个大型互动旅游节目。他们用镜头记录身边的风景，透过荧幕让观众跟着主持人游遍中山的每一个角落，让更多的中山人发现身边的美，传播身边的美。而《我爱返寻味》是广东南方电视台重金打造的一档美食节目，由梁万新（人称"舅父新"）、李国君、欣欣（原名莫澳欣）等人主持，探寻优质食材源头、典故，分享独特烹饪技巧，是一档好看、好吃、好笑的美食节目。《我爱返寻味》对灵芝园进行了介绍，节目中舅父新还亲自下厨。2016 年 9 月 2 日，灵芝园举办了一周年店庆，设 30 多桌健康养生的灵芝宴席，还邀请了舅父新、省港澳小曲王子关金杰等人，更有歌曲舞蹈、迈克尔·杰克逊模仿秀等精彩表演。

2016 年 8 月 6 日，中山特搜、潮玩黄圃（公众号）、雪姑娘Queen 联合策划举办了中山北部首届荧光夜跑活动，来到灵芝园和海蚀遗址风景区，像是举行了一场集合色彩、炫音、热舞等各种元素的狂欢嘉年华。此外，《城市零距离》节目组、《南方都市报》、CCTV《生活大本营》节目组等都对园区进行了报道和推介。

灵芝是珍贵药材，不仅养胃护肝解毒，对于增强人体免疫力、调节血糖、促进睡眠等都有极好的作用。灵芝园拥有专业的灵芝种植基地，悉心栽培优质灵芝作为主要食材，并推出一系列灵芝美食，率先在中山北部推出以健康养生为主题的灵芝鸡宴、养生灵芝粥底蟾蜍火锅等多种创新菜式。

2017 年灵芝园计划引入饲养孔雀作为一特色景观，增添客人的游玩体验，还会推出一款融合灵芝美食和岭南盆景的全新菜式。

聚汇农庄

从黄圃新丰北路尾左转往围堤方向走100米左右，有一家名为"聚汇农庄"的特色餐饮店。"聚汇"寓意"美食、好友齐相聚"，把美食和友谊联系在一起，为食客提供优质独特的菜式。农庄环境清新自然，内部装修宽阔，能容纳28桌宴席。如今周边新开了不少农庄，但聚汇农庄依旧屹立不倒。

■ 寓意"美食、好友齐相聚"的聚汇农庄

聚汇农庄的招牌菜是让人垂涎的大盘鱼。大盘鱼味道鲜美，分量十足，得到众多食客的一致推荐。此外还有象拔蚌、罗氏虾生（生虾片）、笑口佛等特色菜。跟大盆鱼一样极具口碑的还有桑拿鸡。桑拿鸡香气扑鼻，Q 嫩的鸡肉油润嫩滑，满口生香。

■ 别人有大盘鸡，我有大盘鱼

■ 笑口常开笑口佛

■ "蒸桑拿"的桑拿鸡

　　黄圃民众用辛勤的汗水和无比的智慧，建立了连联合国农业发展部门都赞许的农业生产体系：塘基上种果种菜，塘边搭棚养猪养鸭，塘里养鱼，鱼塘泥种果种菜。丝苗米、淡水鱼虾、果蔗、香大蕉、四时蔬菜远近驰名，横档风鳝、松坑三月红荔枝、聚隆酱料、盲公南乳花生也都历史悠久。近几年来陆续出现了不少特色美食，如新丰南路"亮亮烧烤"的烧排骨和酱爆墨鱼嘴、关家尾粥档的蟹粥和塘虱粥、"品香茶"斋堂自助素菜、石军村"五谷驴庄"的全驴宴、鸿发西路"山记私房菜"的养生椰子鸡等，深受食客喜爱。

地道风土人情、"盏鬼"歇后语

墟市习俗

　　"趁墟"是黄圃话，就是逛墟市的意思。

　　听老妈说，黄圃在很早以前就有逛"墟朝"（即墟市）的习俗。农历每月的三、六、九日是墟日。这一习俗起源于清光绪年间。旧时墟市是物资交流场所，吃的、玩的、看的、用的样样都有，甚至耍武卖药、开馆招徒、叫马骝（猴子）等，千奇百怪，无所不有。因此"趁墟"是一大乐事。记得第一次跟老妈一起去墟市，是我上小学的时候。当时的墟市是在黄圃体育中心门口那一段路，场面十分热闹，有衣裤鞋袜、蔬菜水果、鲜花、杂粮零食等，应有尽有，整条街都充满吆喝买卖的声音。当时我特别喜欢墟市上卖猫狗的宠物小摊。本地人家养的母狗或母猫生了小狗小猫之后，主人选一只留下，把其余的拿到墟市上售卖。我看到这些可爱的小动物，总是吵着让老妈买一只回家。

■ "你们好呀！"

现在的墟市已经搬到黄圃国际会展中心对面的空地上，地方更加宽阔，增加了不少小食摊档。每到墟日，无论是本地人还是外来打工者都会前来采购，墟市经常人山人海，大马路上都会堵车。过去，墟市从早上8点左右持续到中午11点，现在则一直到下午2点左右才会结束，人们有更多的时间挑选货物或是逛街游玩。

观音开库和观音诞

　　老妈信佛，是虔诚的信徒。遇上观音开库或观音诞，她还会带我去参拜。农历正月二十六日是观音开库的日子，很多人在这一天到观音庙参拜、许愿。如果生意顺利，要在第二年观音开库时回来酬神还愿。农历二月十九日、六月十九日、九月十九日是观音诞，到报恩禅寺拜祭、添香油，还在家里烧香拜祭，祈求观音菩萨庇佑。

■ 观音诞，齐上香

七月七乞巧节

七月初七是牛郎和织女在银河架鹊桥相会的日子，而织女是玉帝的第七个女儿，所以被称作"七姐"。

过去，在七月初六的晚上，村里的少女们聚集在庭院或者户外广场架设临时帐幕，在桌子上摆放各种水果、糕点、装饰品、节前育好的秧苗、胭脂水粉和少女们自制的手工艺品，以显示少女的心灵手巧。摆放的桌子越多，就越豪华、越隆重。桌上的物品公开展示，给人们欣赏比评。节后人们会把秧苗晒干，用来做婴儿夏天时清热消滞的药。

到了七月初七的子时，少女们点上香烛拜七姐，祈求赐予做针线活的技巧。祭拜过后大家一起分享食物，尽情欢乐。民间有个习俗：家家户户在天亮以前赶到河涌洗澡，然后挑桶水回家，用瓦埕密封储存，这水称为"圣水"。据说日后用这些水洗澡能治皮肤病，特别是用在调药敷治小儿疮疖，见效特别快。

与少女们一起参加拜七姐活动的妇女叫做"会友"，有点像现在结婚，男女双方都有"亲友"团，由男女方最亲密的好友组成。"会友"通常每年聚会一次，这种活动和关系保持几十年。各家有红白事，"会友"都会以姐妹的身份出席。

■ 大家来乞巧，看看谁更巧。

蛤仔游戏

　　小时候总听外婆总说，我们现在很幸福，有那么多好吃的好玩的。
而她小时候只能和小伙伴们聚集在地塘上或者院子里，玩"跳蛤仔"。
女孩子还会玩"卖鱼姑"。

　　"蛤仔"在黄圃话里指的是青蛙，吃货们可别以为是台湾的"蛤
仔煎"（台湾一种地道小食）里面的牡蛎。

　　"'跳蛤仔'游戏怎么玩？" 我和表弟好奇地问外婆。

■ 听外婆讲过去的游戏

　　外婆说："先选好做'蛤仔'的人，要选容易睡着的。然后在地
塘或者院子东南西北四个方向插上香，地上铺上席子。"

　　"然后呢？"

　　"做'蛤仔'的人要像青蛙那样双手垫着额头伏在草席上，主持
游戏的人点燃一扎香分发给其他的人每人一支，孩子们坐在'蛤仔'
面前，拿着香枝在他头顶上方划圈圈，边划边念'蛤仔跳过基，跳上
大塘基'。一直念到'蛤仔'入睡。"

■ "蛤仔跳过基，
跳上大塘基……"

■ "呱！呱！"

"咦？！那还怎么玩游戏？都睡着了。"表弟问。

"对啊！对啊！"我也疑惑。

外婆笑了笑说："神奇的地方就是，'蛤仔'入睡半小时之后，会突然像青蛙那样向前跳动，还会时不时'呱呱'叫，其他孩子也觉得很神奇，兴奋地纷纷涌来围成一个圈，看他蹦蹦跳跳。而且'蛤仔'遇到障碍物也不会停止，而是换个方向继续跳，所以大家都会帮他调头。

"哈哈，好有趣。"我和表弟想象着这场景笑了。

外婆说："有时两只'蛤仔'还会迎头相撞，引得周围的人哈哈大笑。"

"那他们怎样才能停下来？"

"一般十几分钟后，主持人就会拍他们后脑勺几下，用清水给他们洗洗脸，他们就会清醒过来。有些'蛤仔'磨破了膝盖都还不知道发生过什么事，只是觉得自己睡了一觉而已。"

"好神奇！那'卖鱼姑'呢？"

"'卖鱼姑'更神奇。扮'鱼姑'的人要坐在倒放的长板凳上，这板凳叫'渔船'。每只'渔船'上坐两个小女孩，各扶着一边的凳腿伏睡。主持人安排其他孩子每人点一支香，坐在'鱼姑'面前，不断地摇动手中的香念着'卖鱼姑，买鱼来，茅山十分有天灵……'一直念到'鱼姑'睡着。30分钟左右，这两个'鱼姑'就会自己坐起来，闭着眼睛拿着预先放在'渔船'里的竹竿做撑船的动作，边撑边叫'有鱼卖！买鱼来！'这个时候，有人在她面前喊买鱼，她就会做出称鱼和送鱼的动作，买鱼的人就要付钱，而且这些钱必须是'衣纸'（冥币）。"

"我要是递给她其他白纸呢？"表弟问。

"那她就不会收下。'鱼姑'卖鱼期间的对话和动作都像演戏一样。30分钟左右，就要把'鱼姑'叫醒，她们醒来后也只会觉得做了一场梦。"

这些游戏让我感觉像通灵一样，不可思议。

■ "卖鱼姑"

"盏鬼" 歇后语

身为黄圃人，从小到大听过不少有趣的黄圃歇后语。直到现在，有时母亲大人说起些歇后语，我们还会一脸懵圈求解释。有的歇后语年轻人可能从未听过，不过了解了其由来之后，常常会哈哈大笑，说"原来如此"，感觉十分有趣。

» 大罗柚做酒——昏阵

黄圃话"大罗柚"意思是大屁股，是以前黄圃新沙村一个村民的绰号。一天，他摆喜宴请人吃饭，就是我们黄圃话里说的"做酒"。

他见到表叔就说："表叔！记得过来吃饭啊！"

见到邻居何伯就说："何伯！记得过来吃饭啊！"

见到环卫阿姨就说："阿姨！记得过来吃饭啊！"

被兴奋冲昏了头脑的大罗柚就这样邀请了很多人。

回家之后，妈妈问他："你算好要摆几桌了吗？"

　　大罗柚突然回过神来："呀！要摆几桌？！"他已经忘记自己邀请了多少人，于是 "求其是但"（随便）地定了宴席。

　　到了开席的时候，眼看座位已经快坐满了，但来宾越来越多，大罗柚开始慌了："怎么办？怎么办？"

　　大罗柚妈妈见情况不妙，走到他身边在他耳边说："快快假装晕倒！"

　　"对哦！"大罗柚恍然大悟，马上假装晕倒。妈妈扶着他回屋，把宾客晾在外面不管了。这件事后来变成黄圃俗语，用来形容人们因为事情太多忙不过来而索性全部丢下不管。好孩子千万不要学他哦！

» 鬼头颂偷咸鱼——硬系衰

从前有一个绰号"鬼头颂"的黄围人。他家里穷，又不愿工作，没东西吃，所以经常偷食物，是个惯犯。

有一次他到墟市上偷咸鱼，趁有人买东西时偷偷溜到台底下，伸手偷鱼，心里还暗喜"今次肯定掂（能行）了！"。

谁知又被卖鱼佬发现。卖鱼佬抓起他的手，骂道："又是你！"把他教训了一顿。

回家的路上，他情绪低落。别人问他怎么了，他只是不停地说："硬系衰！硬系衰！（太倒霉）"大家都笑他。这句俗语后来就被用来讽刺人做错事情却不敢承认。

» 胡须二卖瓜——瓜剩个

胡须二是黄圃灵鼓坊人，以卖瓜菜为生。在家中排行第二，脸上有胡须，街坊都叫他胡须二。每当他卖剩一个瓜的时候，都总是大声叫卖："南坑（黄圃盛产瓜菜的地方）瓜——剩个！"粤语中"瓜"有"死"的意思。他将"瓜"字拖长音，人们听着就像是"南坑这个地方死剩一个人"。后来，大家都将这个"瓜剩个"作为笑谈。

» 担棺材甩裤——失礼死人

旧时有一种职业叫忤工，专门帮人抬棺材送上山安葬。这一行有个不成文的规定，抬棺材的途中，忤工不能歇脚放棺材着地。有一次黄圃一个忤工在抬棺材的时候，裤子突然松脱，心里忐忑又不能停下，只好边走边不时提一下裤子，十分狼狈。路过的人看到了，都取笑他。跟在后面的死者家属看到也觉得很丢脸，觉得他在死人面前失礼冒犯，有人小声抱怨："真是失礼死人！"忤工感到非常尴尬。

后来人们遇到难堪或失礼的事情时，都会说"担棺材甩裤——失礼死人"。

» 痘皮奀吃凤鳝——生嘅生嘅

以前有个身材瘦小的黄圃人，脸上有很多痘麻，粤语里面会称这种为"痘皮（麻面）"，所以人们都叫他"痘皮奀"。有次街上有试吃凤鳝的活动，那时人们的生活还很艰苦，难得有免费试吃的活动，很多人抢着去试吃。

"我要试吃！""我也要试吃！""我先来的，应该我先试！"人们争先恐后。

痘皮奀试吃的时候，边吃边大声地说："生嘅生嘅。"意思是还没熟透，还是生的。

后面排队的人听到了就不敢吃了。"什么？居然是生的，那还试什么？走了走了！"有的人索性不试了。而他却吃完一块又一块，每吃完一块都会跟大众说"生嘅生嘅"。就这样，他一个人吃完了一整盘凤鳝，满足地离开。这句俗语后来被用来形容人为了独享某些好事物而说谎，使别人放弃竞争。

» 阿茂整饼——无个样整个样

以前有个人叫阿茂，他每次做饼（粤语中也作"整饼"）的时候，常常会突发奇想。

"这次我要做红豆馅的饼！"但其实他根本就还没买红豆回去，所以当他搓完面粉，做到最后一步的时候才发现没有红豆。

于是他的媳妇就说他："真是无个样整个样！"

后来人们就用"阿茂整饼"形容人没有估量好自己现在有什么资源就贸然动手做事，最终只会徒劳无功，白干一场。

尾声

　　最后附上书中提到的特色地方和美食手绘地图。从观仙南路到观仙路的景点比较集中：报恩禅寺—天福塔（黄圃公园）—黄圃盘景协会—古树公园—关家尾头菜作坊—观仙酒坊—仙庙—荣业腊味文化馆—灵芝园—海蚀遗址。从报恩禅寺门口右转入小巷内（即环山西路）往三社方向走的路线便是：报恩禅寺—烈士陵园（花果山）—龙头里、主帅庙—三社刘氏宗祠

　　黄圃镇有省级文物 1 处，市级文物 7 处，市级不可移动文物 14 处，镇级不可以移动文物 58 处，有古树名木 42 棵，被誉为中山市优秀近现代建筑有 6 处。除了书中提到的之外，还有许多景点因篇幅所限未能一一列入。如三社留春圃、鳌山书院、北头坊旧时的救火水柜、旧米机厂、石军革命教育基地、中山糖厂旧址等许多地方，读者可亲自前往探寻。漫步黄圃，总能在不经意间偶遇历史，让人倍感惊喜。

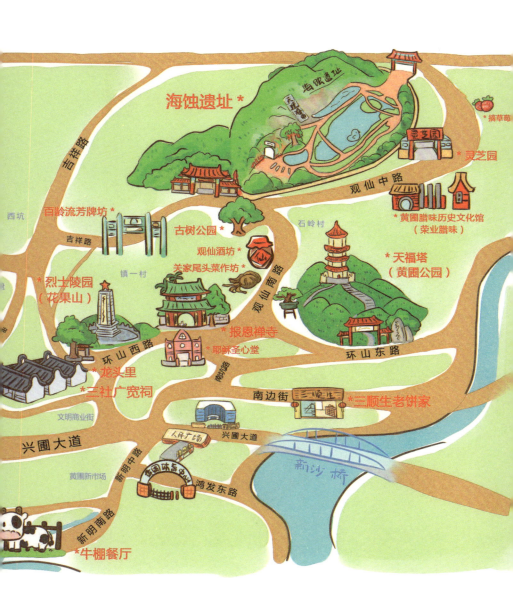

海蚀遗址 *

*摘草莓

*灵芝园

观仙中路

西坑

*百龄流芳牌坊 *

吉祥路

石岭村

*黄圃腊味历史文化馆
（荣业腊味）

古树公园 *

观仙酒坊 *

关家尾头菜作坊 *

观仙南路

*天福塔
（黄圃公园）

镇一村

*烈士陵园
（花果山）

环山西路

*报恩禅寺

*耶稣圣心堂

环山东路

*龙头里

*三社广宽祠

南边街 三顺生

*三顺生老饼家

文明商业街

人民广场

兴圃大道

兴圃大道

新沙桥

黄圃新市场

鸿发东路

新明南路

新明中路

*牛棚餐厅

与"Hello，中山"手绘漫画系列结缘，是在我刚失业不久。那时我待在家里接私活画漫画，一位热心的小伙伴发来一条信息。

"小鱼？我记得你好像是中山的？"

"是啊。"

"我朋友给我发了条信息，说中山一个出版公司策划的'Hello，中山'手绘漫画系列图书正在征集画手。你有兴趣吗？"

记得当时第一本《Hello，石岐》已经出版，想到我大黄圃还没有人写画，我瞬间感到热血沸腾，希望通过自己的画笔将黄圃大街小巷的美好分享给小伙伴们，让更多人了解黄圃，这对我来说是一件很有意义的事情。

虽然在制作的过程中遇到了许多的瓶颈、诱惑和障碍，如：

» 障碍之一——"披萨"

"披萨"坐在旁边用可怜兮兮的眼神看着我求抚摸，又或者直接跳上台面坐在我的电脑手绘板上……

» 障碍之二——零食

看着桌边的零食，强忍。忍。忍不住了……

» 障碍之三——约会

朋友微信约，控制不住自己的手，敲下"约"字。当然，还是有拒绝的时候。

» 障碍之三——词穷

坐着码字。

10 分钟……30 分钟……

"啊！！！这个地方应该怎么写！！！"

» 障碍之四——公司加班

"这个月开始晚上加班。"

加班完回到家继续画画，已累瘫。

» 障碍之五——男朋友帮忙拍照。

"好，今天就到这，回家。"
回到家读盘 "相机内存卡坏了，所以照片没有了……"

» 障碍之六——闭门羹

去到探访点，主人家不在。
前方施工，禁止通行。
……

当然，也多亏了家人和好友的帮助。

"妈，还有什么歇后语？"

"肥婆'某'（蹲）塔（厕所）——沓沓陷"

"'某'字怎么写？"

"呃……"

编辑通知文字需要修改，打电话求救：

"喂，纸熊大大，我快不行了。"

"怎么了？！"

"帮我看看书稿文字怎么修改吧，真不知道怎么写啊，脑袋快爆了！"

"＃￥＆％＊＆……"

"谢谢！"

"喂，糖大大，有空吗？帮我看看我的书文字怎么修改吧。"

"好的。"

"谢谢，么么哒！"

　　幸好，最后还是冲破了重重障碍，完成了本书。

　　你要是问我在创作时最喜欢哪个部分，毫无疑问是绘画故事传说。本以为习以为常的地方，被岁月打磨而显得陈旧灰白的建筑，背后居然有着那么有趣的故事传说，这些古迹也像是有了生命，让人觉得特别美好。这些历史遗迹一直被保存完好，没有完全淹没于高速发展的现代化社会，这是一件多么值得庆幸的事情。

　　如果有写得不好的或者是描述不够准确的地方，还请大家见谅。对于黄圃的乡亲，希望大家看完之后能对家乡的了解更多一些。对于镇外的小伙伴们，也欢迎你们到黄圃来参观游玩历史古迹，品尝本地特色美食。

　　感谢大家的阅读。谢谢！

鲈小鱼

2017 年 4 月

Hello, 中山 手绘漫画系列征稿

　　"Hello，中山"手绘漫画系列是广东人民出版社中山出版有限公司重磅打造的一套集地方文化、旅游、美食、休闲等于一体化的图文书，全方位呈现"产业特色鲜明、人文气息浓厚、生态环境优美"的中山24个风格各异的特色小镇。

已出版图书：

《Hello，南区》
作者：陈慧/文 蔡文强/绘
出版：广东人民出版社
版次：2016年12月第1版
定价：25.00元

《Hello，石岐Ⅱ》
作者：易丽/文 陈越安/绘
出版：广东人民出版社
版次：2016年6月第1版
定价：25.00元

《Hello，东区》
作者：Elly/文 Andy/绘
出版：广东人民出版社
版次：2016年7月第1版
定价：25.00元

《Hello，沙溪》
作者：妹雅/文 小筱/绘
出版：广东人民出版社
版次：2016年7月第1版
定价：25.00元

《Hello，南朗》
作者：陈谷苗 文/绘
出版：广东人民出版社
版次：2016年6月第1版
定价：25.00元

《Hello，神湾》
作者：梁素红 文/绘
出版：广东人民出版社
版次：2016年7月第1版
定价：25.00元

《Hello，小榄》
作者：刘玉玲/文 李妍霖/绘
出版：广东人民出版社
版次：2016年7月第1版
定价：25.00元

《Hello，小榄Ⅱ》
作者：梁艺芬/文 梁淑华/绘
出版：广东人民出版社
版次：2016年10月第1版
定价：25.00元

《Hello，港口》
作者：杨爱珊/文 史超/绘
出版：广东人民出版社
版次：2017年3月第1版
定价：25.00元

即将出版图书：

镇区篇
《Hello，西区》
《Hello，古镇》
《Hello，黄圃》
《Hello，三乡》
《Hello，三角》
《Hello，民众》
《Hello，阜沙》
《Hello，坦洲》
《Hello，东升》
《Hello，东凤》
《Hello，板芙》
《Hello，大涌》
《Hello，南头》
《Hello，横栏》
《Hello，火炬区》
《Hello，五桂山》

校园篇
《Hello，纪中》
《Hello，侨中》

文化篇
《Hello，公园》
《Hello，宗祠》
《Hello，古迹》
《Hello，咀香园》

　　还有您想到的，没想到的，我们都想出版。找的就是您，加入我们的手绘漫画系列吧。
　　要求：文字要美观、插画要美观，人如果美观，更好啦！

购书请扫描：

天猫店二维码

中山出版微店

当当网、京东网、亚马逊等也有售
来稿就投：zszscb@qq.com
详情咨询：（0760）89882925